THE SCHOOL OF COMMERCE
これが商学部シリーズ Vol.5

ビジネスと教養
■社会との対話を通して考える■

明治大学商学部[編]

同文舘出版

序

~ビジネス(そして人生)における教養の意味・役割~

《これが商学部》第5巻『ビジネスと教養』をお届けします。本書のタイトルは「**ビジネスと教養**」ではなく、文字通り「**ビジネスと教養**」と読んでいただければ幸いです。どちらか一方が強調されているということではありません。その理由は、本書を通読していただければご理解いただけることと思いますが、どちらも商学部が取り組むべき重要なテーマであるからです。

もちろん、〈ビジネス〉が商学部の教育の根幹をなすものであることは言うまでもありません。では、もう一方の〈教養〉は商学部の教育においてどのような位置を占めるものなのでしょうか。あるいは、〈教養〉とはそもそもどのようなものでしょうか。その厳密な定義をここで行うつもりはありません(本書では、第3章と第4章の間の191頁に清水真木先生による大変わかりやすい、味わい深い説明がありますので、そちらを是非お読みください)。しかし、教養を単なる知識として、あるいは、単なるスキルとして捉えるべきでないことは明らかであると思います。なぜなら、教養というものが、「これが教養です」という具合に、教養書やマニュアル本のような〈もの〉として呈示できるものでは本来ないからです。

私たちは、いまやさまざまなメディアを通して多くの情報を得ることが可能な社会に生きていますが、多くの情報に囲まれているからといって、知識、そして教養が〈身につく〉わけではありません。情報を確かな知識として〈身につける〉ためには、私たちが主体的に情報を選別し、その情報の大切な意味を見出し、〈自らの知識〉として、いつでも活用できるようになることが肝要です。そうできるようになった知識や情報がその

3　序

人の〈教養〉となるのです。そうでない知識や情報は、一時的な単なる短期記憶として終わってしまいます。受験の際の、単語や人名の丸暗記が、たいていの場合、試験が終わってしまえば役に立たなくなるのと同じです。

知識の蓄えは、それがどのような知識であっても（その知識が好奇心や必要性という動機づけに裏打ちされていればなおのこと）、現実生活のなかで意味を持ってくる局面がいずれ誰にでも訪れます。赤ちゃんが、最初は大人のことばをただ真似ているだけなのに、やがてそのことばを用いて自己表現を始めるように、多くの〈知識〉の集積がやがて〈知恵〉というものに質的変化を遂げ、現実生活でのさまざまな困難の解決に向けてそれが役立つようになります。大学の教育を経て社会や組織のリーダー的存在となる者にとって、そうした能力は一層重要な役割を担うことになるはずです。教養は、それ自体で人間の生活を豊かにするものですが、人の営みである仕事の現場においても、人間関係を円滑にし、信頼関係を深めていくために欠かすことのできないものなのです。「人間力をみがく」と言うといささか陳腐に響きますが、ビジネスに必要なのはそうした人間的魅力でもあるし、ビジネスの面白さも、そうした人間関係のあり方と決して無縁ではないと思います。

私たちはそうした教養の意味、教養の役割を常に念頭に置いて、本書の編集作業をつづけてきました。本書は、商学部がいまどういう教育をし、何をめざしつつあるのかということを、ビジネスと教養という観点から発信しようとするものです。

本書は、４章から成っています。最初の３章は、社会で活躍するOB・OGの方々に、これまでの経験を通して、学部教育について自由に語っていただき、関連する授業を担当する教員がそれに応えるという形になっています。各章は明確に区分できるものではありませんが、教養の主要テーマを示す意味で敢えて、〈カルチャー〉、〈コミュニケーション〉、〈サイエンス〉という見出しを付けました。また、最後の第４章は他の章と内容も性格も異なりますが、女性の活躍が社会で重要な位置を占めつつある現代において、女性の役割をクロー

ズアップすることには意味があると考えました。教養からの、ジェンダーに関する1つのまなざしと捉えていただければ幸いです。

明治大学　商学部教授

佐藤政光

もくじ

これが商学部シリーズ Vol.5
ビジネスと教養 〜社会との対話を通して考える〜

序 〜ビジネス（そして人生）における教養の意味・役割〜 3

本書の構成 11

第1章 カルチャー

第1節 吉田菊次郎氏に聞く お菓子の世界、日本の文化、教養と文学 …… 14

パティシエへの道 14／フランス修行、ブールミッシュ開業、そして文筆活動 15／パティシエから見た「日本の文化」とは 16／「文学の世界」とのつながり 17／ビジネスに欠かせない「教養・文学」 18／若い世代へのメッセージ 19／大学でしかできないこと 20

第2節 文学・〈教養〉・人生 …… 21

(1) はじめに 21／(2)「日本近代文学」と〈国民国家〉 22／(3) 矢野龍渓『経国美談』 23／(4) 直井潔『二縷の川』〜〈教養〉から〈生き甲斐〉に〜 25／(5)〈戦闘的自由主義者〉河合栄治郎 29／(6) おわりに 31

第3節 太田伸之氏に聞く ファッション産業での半生、そしてクールジャパンを世界へ …… 33

入学直後に大学封鎖、独学でファッション・マーケティングを勉強 33／実家の跡継ぎからの方向転換 34／アメリカでの生活 35／帰国後は、デザイナー組織づくり、ビジネスパーソン育成、そして社長として、数々の仕事を掛け持ちで 35／

第2章 コミュニケーション

第1節 佐藤 健氏に聞く 東南アジアでの異文化コミュニケーションを通して

(4) ヤジローのもう1つの顔 …… 64／(5) ヤジロー、海賊になる …… 66

(1) 大学で学ぶ「日本文化史」…… 57／(2) 大学での「歴史」の勉強のしかた …… 59／(3) ザビエルが会った最初の日本人 …… 61

第6節 歴史・伝統・文化 〜大学で学ぶ日本史〜

27年のキャリアパス …… 54／学生へのメッセージと大学への要望 …… 55

ホテル業への熱い思い …… 52／仕事を通して見た「日本の伝統・文化」…… 53／企業風土と「さすが帝国ホテル推進活動」…… 53

第5節 風間 淳氏に聞く ホテル業への情熱と日本の伝統・文化・企業風土

(1) 日本人ファッション・デザイナー …… 43／(2) 文化が創られる社会の仕組みを考える …… 44／(3) なぜ欧米で成功することが難しいのか …… 46／(4) 世界で活躍する人になるために …… 51

第4節 グローバル化とファッション 〜日本人デザイナーの社会学〜

ビジネスとして見た、ファッション産業の基本 …… 37／小売業がプロデューサー …… 38／学生へのアドバイスとして …… 39／次は、クールジャパンを世界に向けて …… 41

第2節 多民族国家・多民族社会における異文化コミュニケーション

学生時代に学んだ「基本」…… 72／インドネシアへの転勤 …… 72／フィリピンへ …… 73／東南アジアの中国人 …… 74／東南アジアは日本をどう見ているのか …… 75／めざせ「グローバル人材」!! …… 76

7　もくじ

第3章 サイエンス

第1節 石川幸千代氏に聞く 高校教師からレストラン経営者へ レストラン・ドクターとして「日本の食文化」に思うこと
(1) 高校教師からレストラン経営者へ　122／(2) 15店舗の経営者からレストラン・ドクターへ　123／(3)「日本の食文化」について思う

第6節 「ドイツ語との出会い」をあなたの未来に活かすには
(1) はじめに　109／(2) グローバルな社会を意識してみよう　インターネット時代の利点を活かそう〜時事ドイツ語〜　113／(5) 少しずつ「経験」していこう　116／(6) おわりに　119／(4) イン　111／(3) 複数の外国語とまず出会ってみよう　109

第5節 山﨑織江氏に聞く 留学と就職を通じて体験したドイツ文化の魅力
商学部に入学した頃　102／ドイツ文化体験〜留学と就職を通じて〜　105／「大学での学び」と現在のキャリア〜大学の外にも目を向けて〜　107／ドイツでの働き方・休み方　海外から見た日本について　106／人とのつながり　103／自分で考えること、世界を知ることの大切さ　107

第4節 ビジネス実践英語〜SOCEC（集中上級英語）プログラム：将来への礎〜
海外で働く夢　88／「3度目の正直」で夢叶う　89／英語ではない英語　90／ブラジルの恐るべき多様性　91／日本はどう見られているのか　92／学生へのメッセージ　93

第3節 六浦吾朗氏に聞く 学生時代から持ち続けた「海外で働く」ことへの夢
(1) 多民族社会へと向かう日本　78／(2) 多民族社会のモデル　79／(3) 閉じられた空間での情報「確認」　81／(4) 外部世界の人間は「接着剤」になりうるか？　82／(5) 2つの第一歩　85

第2節 食は文化と科学の接点にある ～新しい教養としての食の文化と科学～ 124

こと 124／大学での「食育」の重要性 124／(1) 生きるための科学を学ぼう 126／(2)「食育」はますます重要に 126／(3) 健康長寿をもたらす日本の伝統食 127／(4) がん予防効果やアンチエイジング効果がある食品 129／(5) ゼミで新しいカレーのメニュー創り 130／(6) 食事をする場の明るさ 132／(7) 大豆を食べると、食料問題も解決？ 136／コラム 現代の食は文化と科学の接点 137／(8) 外食や中食だけでは、不健康になりがちな理由 139／(9) これからの学食について（まとめに代えて） 140

第3節 岸 泰裕氏に聞く 金融業界から見える世界の動きと社会貢献・地域貢献への思い 143

学部と卒業後の進路の連結 143／金融業界内での転職の理由 144／大切なのは「将来の夢」 145／金融の仕事を通して見た「世の中の新しい動き」 146／これからの目標 147／学生へのメッセージ 148／大学への要望 148

第4a節 私たちの生活に身近な保険リスクマネジメント 150

(1) はじめに 150／(2) リスクのない状況での金融商品 151／(3) リスクがある状況 152／(4) 世界中のどこでも役立つ保険リスクマネジメント

第4b節 地域の動きから「世界へ」～フィールドワーク実践の意味～ 160

(1) 地域・社会連携と大学 160／(2)「地域」から学ぶ 161／(3) フィールドワークを通じて「地域」と連携する 164
(4) 世界と向き合う 166／(5) 大学で身につけておきたい3つの能力 156／(6) おわりに 159

第5節 舟橋達彦氏に聞く 企業家に求められる資質：文理マインド、主体性、海外志向 169

はじめに 169／遠のく研究開発、そして経営の中枢へ 170／学生に伝えたいこと 171／新しい動きを見据えた2つの要望 171／卒業直前の内定取り消し 172／黎明期と安定期で異なる人事方針

9　もくじ

第6a節 MOT（技術経営）とTOM（経営技術）

(1) 「文理分離」の傾向 *174*／(2) 「文理分離」に対する疑問 *175*／(3) MOT (Management Of Technology：技術経営) の登場 *177*／(4) 商学部の新たなアプローチとしてのTOM (Technology Of Management：経営技術) *179*

第6b節 大学と企業が協力して何ができるか ～産学協同就業力養成講座の取り組み～

(1) 日本の大学にいま一番求められているもの *183*／(2) 主体性、それは「大学での学び」のすべての基礎 *184*／(3) 「高校までの学び」と「大学での学び」はどこが違うのか *185*／(4) 楽勝科目偏重型履修では「ギャップ」は埋まらない、むしろ広がる *186*／(5) FSP (Future Skill Project) 研究会に結集した情熱と使命感 *187*／(6) 産学協同就業力養成講座のめざすもの *188*

Column 「教養」とは *191*

第4章 女子会トーク ビジネスと教養 座談会 ～社会からの要望と大学からの発信～

学生時代の一番の思い出は？ *194*／なぜ商学部を選択したのか、そしていまは？ *196*／卒業・大学院進学・就職、そして女性の可能性は？ *198*／卒業後の進路を決定した最大の要因は？ *199*／将来の目標と当面の課題は？ *201*／海外留学から学んだことは？ *202*／日常会話と講義の英語、どちらがわかりやすい？ *204*／「就活」成功の秘策は？ *205*／（主に女子、しかし男子にも）にメッセージは？ *206*

Reading Guide 推薦図書一覧 *209*

あとがき ～〈これが商学部シリーズ〉全5巻の完結に際して～ *215*

執筆者／取材・編集担当者／座談会出席者一覧 *218*

◆イラスト（カバー・本文）大竹 美佳

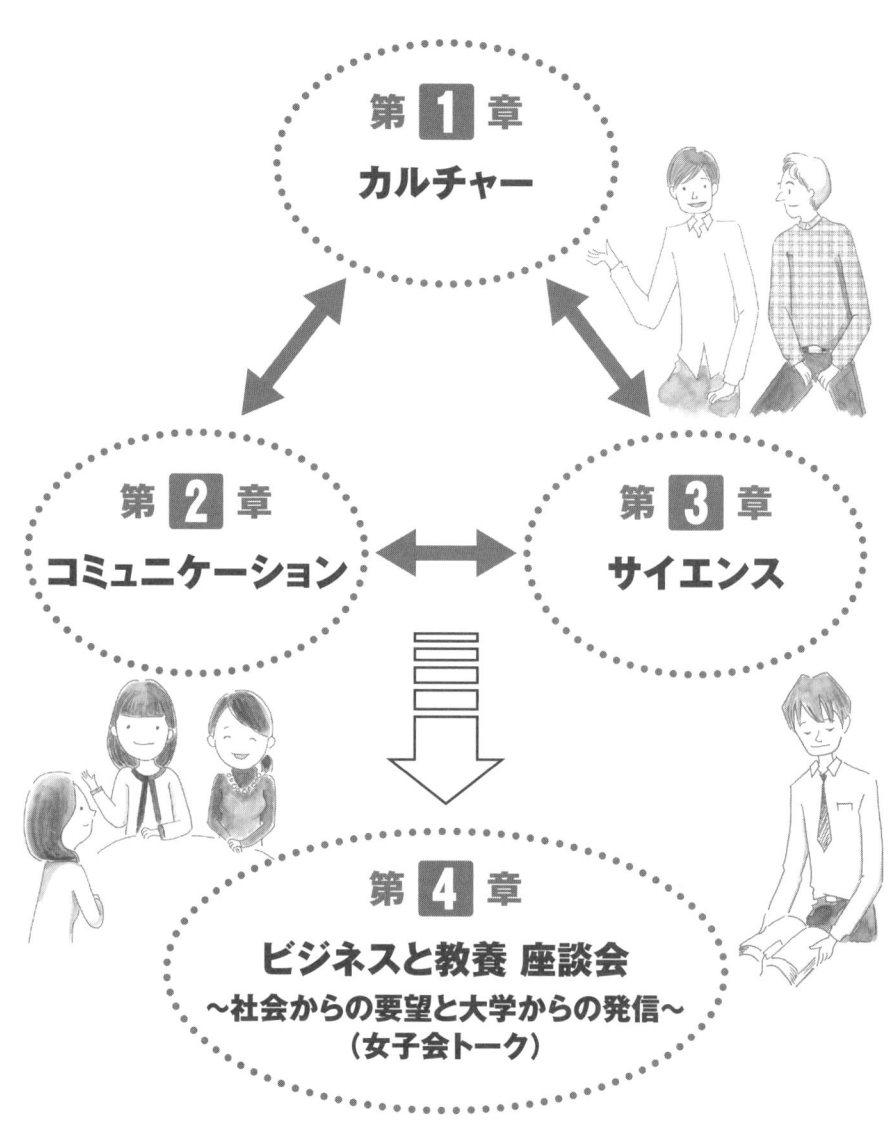

■第1章～第3章について

前半部分 （奇数の節：2段組）
　明治大学OB・OGの方々へインタビューし、その内容を談話の形にまとめたものです。各氏には、各節の特定のテーマで、それぞれの経験や職業の視点から「大学への要望（つまり、社会からの要望）」などについて、自由に語っていただきました。

後半部分 （偶数の節：1段組　※第2章第4節は2段組）
　前半のOB・OGの方々のお話に応える形で、関連授業を担当する教員が教育の現場を報告する内容となっています。

※なお、各章の見出し〈カルチャー〉〈コミュニケーション〉〈サイエンス〉というくくりは、ビジネスと関わる教養の3つの大テーマを示しています。

■第4章について
　本章は、商学部卒業生3名による座談会（女子会トーク）です。これからのビジネス世界で活躍の幅が大きく広がろうとしている女性の位置・役割に注目し、敢えて女性の視点からビジネスと教養の意味を捉えてみようという試みです。

第1章
カルチャー

1. 吉田菊次郎氏に聞く　お菓子の世界、日本の文化、教養と文学
2. 文学・〈教養〉・人生
3. 太田伸之氏に聞く　ファッション産業での半生、そしてクールジャパンを世界へ
4. グローバル化とファッション　～日本人デザイナーの社会学～
5. 風間 淳氏に聞く　ホテル業への情熱と日本の伝統・文化・企業風土
6. 歴史・伝統・文化　～大学で学ぶ日本史～

吉田菊次郎氏に聞く
お菓子の世界、日本の文化、教養と文学

パティシエへの道

わが家は父方も母方もお菓子屋の系統だったもので、職業の選択肢の自由がなかったのです。ですから、子どもの頃から当然のことながらお菓子屋になるんだろうなと疑いもなく思っていました。昔は、どこの家にも家業という意識がありましたね。魚屋さんの子は魚屋さんになるし、教師の子は教師になったり。だからお菓子屋が実家の家業だった私も、そうなるのだろうなと。幼稚園の頃から工場のなかをチョロチョロしていて、小学校の頃からお店番をやっていました。

大学2年までは平穏だったのですが、ちょっと波風がたってきて、3年のときにとうとう倒産状態になり、4年で修羅場になって本当に倒産してしまいました。父は、自分の会社に債権者も入ってきて大変だったので、子どもに見せたくなかったんでしょうね。修行に行ってこいということで、都内のお菓子屋さんで修行させていただいて、帰ってきたときは完全な外様になっていました。このままではどうしようもないし、何とかしなければということで、吉田家だけのお菓子屋をもう一回つくり直そうと、お家再興のような思いがありましたね。

お菓子の世界とかお料理の世界というのは、なぜかフランスが主流なのですね。なぜかというより、明治天皇から「これからの賓客を迎えるにはフランス料理をもって迎えよ」という御触れが出されたことが、大きいと思います。また、フランス料理もフランス菓

吉田菊次郎氏
株式会社ブールミッシュ 代表取締役社長
フランス料理アカデミー・フランス本部会員
1967年 商学部卒業

子も日本人の口に合いますよね。いつかフランスへ行かなければいけないのかなとおぼろげには思っていたのですが、いきなり行くことになりまして、そのときは、やはりありあわてました。

もう1回ゼロからやり直そうと思ったときに、そうだフランスへ行って小僧からやり直そう。小僧なんていう言葉は古いですけど、小僧からやり直そうということで、パリに行ったのです。

フランス修行、ブールミッシュ開業、そして文筆活動

1970年に、なんとかフランスに行ってフランス菓子の世界に潜り込んだのですが、手ぶらでは日本に帰れない。当時、ちょうど第1回のお菓子の世界大会があったので、それにエントリーしたところ、銅賞という末賞をいただきました。これでなんとか帰れるかなと思いましたが、でもせっかく来たのだからパン屋の世界も、そしてさらにスイスに行って、チョコレートの勉強もして、それで帰ってきて開いたのが「ブールミッシュ」です。73年に帰ってきました。

いまの時代はパティシエというのが脚光を浴びて、それでスターのように扱われる人たちが出てきて、非常にいい時代だと思いますが、70年代当時は、まったく違っていました。たかが菓子屋という見られ方でしたし、フランス帰りといってもアレルギーがあったのですかね。日本というのは閉鎖的な社会でしたから、すぐには認めてもらえませんでした。

たとえば、あめ細工を習ってきますでしょ。素晴らしくアーティスティックですよね。フランスから帰ってきて、それを披露すると、そんなのは京都でさんざんやってるよ、なんてことで相手にされない。なんでも新しいことをやるときにはアレルギーもあるのでしょうし、仕方がないですね。でも、だんだんわかっていただけるようになりました。それから、日本というのは活字社会だから「本を出してみよう」と思い立ち、『製菓技術教本 あめ細工』（柴田書店、1976年）という本を出版しました。

当時、類似書は全くなかったのです。毎年版を重ねて10版以上を重ねました。そこで今度はチョコレート。この分野も日本は非常に遅れていて、お菓子屋さんというとショートケーキとシュークリームとプリン・チョコレートだのコンフィズリー（砂糖を主材料とした洋菓子）の系統のものはあまり日の目を見ていません

でした。それではというので、スイスで習った、いろいろなチョコレートの解説をわかりやすく1冊にまとめて『製菓技術教本 チョコレート菓子』(柴田書店、1977年)を出版したら、バレンタインのブームと相まってベストセラーになりました。続いて菓子全般を扱った『製菓技術教本 パティスリー』(柴田書店、1980年)を出して、さらには洋菓子全部をまとめた『製菓技術教本 洋菓子の工芸技法』(柴田書店、1982年)を出して、やっと「オールマイティーの吉田菊次郎」と認めていただきました。

お菓子の世界というのは、食べておいしいことは当たり前ですが、ショートケーキばかりではないのも知っていただきたかった。さらにはアーティスティックなもの、お金にはならないけれどもアートなんだよ、ということも世に知らしめることができてよかったなと思います。その辺から物書き家業も始まっていったのです。

パティシエから見た「日本の文化」とは

日本というのは極東というぐらいに東洋のどん詰まりですよね。だからいろんな文化をどんどん受け入れていく、吸収していく文化があると思います。お菓子の世界に限って言えば、かつて日本における情報収集源は唐(とう)の国ですよね。そこから入ってきた唐菓子(からがし)が主体になって、それを日本的に消化してきて和菓子になっていきました。そこに南蛮船がやってきて南蛮文化が伝わり、今度は南蛮菓子になって、それが明治の頃になって南蛮でなくて本当の西洋菓子になって、西洋菓子から洋菓子になっていく。そのたびに日本人は上手に自分のなかに取り入れていくのですね。その術というのはすごいどんどん変わっていくと同時に、求める先もどんどん変わっていく。言葉もなと思います。知識の吸収欲といいましょうか、吸収力といいましょうか、それは、いまでもそうではないでしょうか。

日本というのは蓄積の文化と消耗の文化と両方を併せ持っているのです。消耗の文化ということですが、クリエイティブな文化。和菓子の世界は、まさしく蓄積の文化なのです。和菓子屋さんに言わせれば、大きくは変わらないけれども、常にマイナーチェンジしていく。ですから羊羹1つとっても、いまの羊羹と50年前の羊羹、100年前の羊羹、200年前の羊羹では

やはり違う。最中にしてもそうです。饅頭にしてもそうだ。洋菓子の場合は、もっとどんどん新しくなっている。その両方ともに価値観を認めるというのはすごいことだなと思います。

伝統芸能と同じですね。歌舞伎の世界、お能の世界、邦楽の世界にしても、伝統文化として培っていくと同時に、片方ではジャズだの何だのいろいろなものを平気で取り入れていく。非常に多様性に富んでいる。この辺が日本人のしたたかさじゃないかな、そんなふうに思います。

「文学の世界」とのつながり

これも家系と言いましょうか、そういった雰囲気のなかで私が育ったこともあるのでしょうが、うちの父は菓子屋でありながら俳人でもありました。

昔は、日本人の多くの人が結核にかかったのです。父も結核にかかって療養生活をしていました。当時、療養俳句というのがはやりましてね。加藤楸邨さんにしても、石田波郷さんにしてもそうです。療養すると、ただただ命ながらえるだけですので、試行錯誤のなかで自らのいろんなことを求めていく。その行き着く先の1つが文学の世界だったということだと思います。ただ、体の弱い人にとっては、純文学とかそういうのはかなりエネルギーを要するらしいです。父の亡くなった後に日記を読むと、そういうことが出てきます。

「自分は文学を志したいのだが体力的に無理があるので、最短詩型の俳句の世界から入っていきたい」と。

父は、吉田北舟子（ほくしゅうし）といいまして、石田波郷さんとか、加藤楸邨さんたちと仲間で一時代を画した人なんです。西東三鬼さんとも刎頸（ふんけい）の友だったり、山口誓子さんとも仲間でした。

俳句というのは父だけの持つ精神世界だと思って、私自身は敬遠していました。ただ、家のなかに文学的なものが溢れているのですね。掛け軸もあるし、短冊もあるし、色紙もあるし、父はいつも書いていましたから。ですから文学の世界に入りやすい環境にありました。そのような環境にあったのだけれども、子どもというのは親に逆らうものです。特に男同士というのは、父親の世界を敬遠していくのですね。私も、俳句の世界だけは避けて、短歌の世界や、エッセイに入ったり、小説もどきを書いたりしていたのですが、いまから15、6年前でしょうか、俳句をや

っている方が私のところに父のことについて取材に来られたのです。取材を受けているうちに、つっかえ棒がフッと取れて、「俳句もいいか」ということで始めたら、意外とスーッと俳句の世界に入っていきました。それまでの心のなかというか、私の頭のなかに、そういった土壌がだんだん培われていたのですね。それを無理矢理おさえつけていて、「俳句なんかやるものかい」と、いまさらやったって父にかなうわけでもないし、別の世界へと思っていたのですが、いつの間にか、つっかえ棒が取れたら、そのまま俳句の世界に入っていけたのです。

ビジネスに欠かせない「教養・文学」

文学は、夢とロマンの世界で、また自己表現の場だと思います。事業もまた同じで、夢とロマンの世界にして、自己表現の場です。ですから、夢もロマンも持たない事業は単なる拝金主義となり、結局、社会におけるレゾンデートル（存在意義）が失われ、マーケットから退場を余儀なくされていくのではないでしょうか。

ところで、いつの間にか、業界にとっても、実業界にとっても、サービス業全般にとっても、いろいろ必要な情報を与える立場になってしまいました。与える情報を収集して皆さまにお知らせする立場にあるということです。広報ですね。

それと世の中の先を見る目がどうしても求められてきますね。過去のことを書くだけではなくて、過去があって、現在があって、この先はこうなるだろうというある程度の推測も必要です。それと学習も必要なのですよ。たとえばいろんなクレームがあると、自分の受けたクレーム、自分の会社で問題になったクレーム、そういったことも書物にして出しました。『デパートB1物語』（平凡社新書、1999年）です。これはちょっとヒットになって、各百貨店のバイヤーさんのなかでは教科書にしていただいたり、社員教育に使っていただいたりしています。ですから銭金勘定だけではなくて、商いというなかでどこか結びついている。文学と言えるのかどうかわからないですが、活字の世界はそういうところで商いと無縁ではないと思います。私にはお菓子というものを商品としていくとともに、文化として伝え

ハウツーを伝えるだけではなくて、文化として伝え

る役目があると思ってます。それは物をもって伝える場合もあれば、いわれ、逸話、エピソード、そういった歴史的な背景をもって伝える場合もある。そういういろいろなツールがあるのではないですかね。それと並行して電波媒体も重要視しています。活字離れが進んでいて、だから電波媒体というわけでもないのですが、電波の速力というのは即効的ですからね。私は活字媒体、電波媒体を通して、デザート文化、スイーツ文化、甘味文化、美食の文化ということを伝える役回りも持っているのかなという気がします。

若い世代へのメッセージ

　大学生活とは、長い人生において、ほんの一瞬の、ダイヤモンドの輝きにも似た、貴重な大切な時間です。社会に出たら、学問しようにも、これほど自由な時間は与えられません。妻をめとり子どもをもうけ、一家を構えたら、糧を得るのに一生懸命にならざるを得ません。ですから、まず、せっかく学問の府に入ったのですから、それに打ち込まないのは、もったいなさすぎます。そのうえで、いろいろな、自身のネットワー

クを広げてください。遊びにしろ、趣味にしろ、スポーツにせよ、好きなことに、思いっきり情熱を燃焼させてください。そのことは、人生の一生の宝物になるはずです。

　それから、いまはスマホ（スマートフォン）の社会、ネットの社会。それはすごいことだとは思います。情報量は、私どもの若い頃の何十倍、何百倍かもしれません。ただ、考える時間が取られてしまう。時間って限られていますからね。スマホをやっていると、あっという間に時間がたちますよね。だから頭のなかで考える、試行錯誤する、咀嚼する、そういった時間を自ら求めてつくっていってほしいなと思います。スマホに依存しすぎて、その情報だけに流されてほしくない。これはもちろん素晴らしい情報源ですよ。考えなくても、どんどん情報を与えてくれたり、友だちにつながって、自分たちの知らない情報も入ってくるし、地球の裏側の情報も瞬時に入ってくる。それはいいのだけれど、もうちょっと自分のアイデンティティを育むような、そういった時間というのを、意図的につくったら良いのではないでしょうか。ただ黙っていては得られないと思います。

大学でしかできないこと

 私は満足に大学に行けない環境にあったからなのですが、学生さんには大学というのをもっと楽しんでほしい。学問だけでなく、人間の幅を広げる場として大いに活用してほしいと思います。そのなかで、どこか自分の得意分野なり、興味のある分野を見つけたら、その道のスペシャリストになると同時に、いろいろな意味でのゼネラリストにもならなければいけないと思うのです。もちろんこの道一筋何十年というのも素晴らしいし、公認会計士や弁護士などのスペシャリストも素晴らしいですけれど、社会に出るといろいろな人と付き合える機会ってそんなにないと思います。大学というのは、いろいろな地方から学生が来るし、家庭環境や、背負っている文化もそれぞれ異なる人たちが一同に集まって、1クラスなり、1学年なり、1学部なりをつくっています。こんなに宝物のような身近な情報源がたくさんあるのに、自分だけのネットの社会だけに入っていたらもったいない。大いにいろんなネットワークを広げたらいかがでしょう。あまり薄くなってもいけないでしょうけれども、「社会に出たらそんなにネットワークを広げる場はないよ」と言いたいですね。

 大学はもちろん学問の府でもあるのですが、人間形成の礎を築く府でもあるのではないでしょうか。私が言うのも口はばったいですが、人間として深みのある、幅のある「教養」を身につける絶好のチャンスだと思うのです。私はもの書きとか俳句とかをやっています。それに人生をかけている人から見たらお叱りを受けましょうが、私の場合はもっと軽い気持ちで、たかがたしなみの気持ちでやっています。でも、それでいいのではないかなとも思っています。もちろんお菓子屋という商売をやらなかったら、文学で生きるなり、俳句で生きるになるでしょうけれど、幸い生活の糧は別にあるので。ただ、たしなみのチャンネルも、増やしたいときに増やせなかった悔しさもあるので、もう少し増やせたらという気持ちはいまだに持っています。だからこそ、学生の皆さんには、いまあるチャンスを大いに活かしてほしいと思っています。

文学・〈教養〉・人生

(1) はじめに

吉田菊次郎氏（株式会社ブールミッシュ代表取締役社長）のお話を伺うまでは、吉田氏はパティシェとして、あるいは経営者として日本の洋菓子界を牽引し、洋菓子に関するご著書もたくさん書かれているという知識はあったのですが、ご尊父が高名な俳人だったことは存じ上げませんでした。

いま、私の手元に浜島書店の『最新国語便覧』（2009年）という本があるのですが、それを見るとご尊父の俳句仲間、石田破郷、加藤楸邨、山口誓子、高浜虚子、種田山頭火の次に大きく扱われています。「刎頸の友」西東三鬼も、俳人として正岡子規、高浜虚子、種田山頭火の次に大きく扱われています。「刎頸の友」西東三鬼も、紹介スペースこそ三者より小さいものの、新興俳句の新鋭として写真付きで紹介されている。また吉田氏ご自身、現在は俳句を嗜まれているそうで、まさに短詩系文学を実践されていることになります。かような風流に縁遠い私などはその多彩な才能をうらやむのみです。といっこともあり、私が大学で担当している「日本近代文学」の講義で扱うのは必然的に散文芸術、つまり小説ということになります。

永井善久

(2)「日本近代文学」と〈国民国家〉

それでは小説をめぐってどのような講義が展開可能か、少々説明いたします。「日本近代文学」は講義科目なので、年度によっては400名近い履修者がいる場合があります。
そのため、小説に関して細かいテクスト論的な解説を行うのは困難です。ですから、「文学史」を講じることが多いのですが、ただ作家や作品の名前を列挙しても何の意味もない。社会学や歴史学の知見を援用し、学際的な視点を導入することで、知的な刺激に満ちた「文学史」を講じることが可能となります。

たとえば皆さんもご存知のように、明治維新を迎えた日本はそれまでの幕藩体制を改め廃藩置県を行います（1871年＝明治4年）。そして政府が強大な権力を有する中央集権化がはかられます。江戸時代までは、「あなたはどこの国の人ですか？」と尋ねたら、おそらく少なからぬ人が、「おいらは江戸っ子だい」とか、「おいどんは薩摩隼人でごわす」、「わしゃ土佐のいごっそうぜよ」云々という具合に答えたでしょう。つまり、藩単位で自分のアイデンティティを規定していたのだと思います。「日本人」という意識よりもローカルな意識のほうが強かった。

時代は19世紀後半、まさに欧米列強が帝国主義的欲望を抱いて東アジアに進出していた時代です。このような時代に列強諸国と伍していくには、日本を〈国民国家〉として構築しなければならない〈国民国家〉としてのまとまりがなければ、列強の植民地にされてしまう危険性さえあったのです。わかりやすく言えば、「どこの国の人ですか？」と問われたら、誰もが「日本人だ」と答えるようにしなくてはいけない。人びとにローカルなア

イデンティティよりも、ナショナルな意識を強固に定着させる必要があったのです。ですから、〈国民〉としての一体感を強要するような要因、たとえば士農工商といった従来のヒエラルキーを取りやめ、「四民平等」に改めたりしたわけです。このように日本の近代化（〈国民国家〉化）に文学がどのように関係しているのか（あるいは関係していないのか）ということに焦点を当てることで、「文学史」をよりアクチュアルに講じることが可能となります。

(3) 矢野龍渓「経国美談」

具体的に、明治10年代に流行した「政治小説」を取り上げてみましょう。最初に政治小説について簡単に説明します。明治維新によって誰もが平等に権力を持てるようになったはずなのに、実際の権力は倒幕運動に貢献した薩摩藩や長州藩の出身者が握っている（薩長政権）。これはけしからん。誰もが平等に権力にアクセスできるようにしなければいけない。そのような不満を抱いた壮士たちが、「自由民権運動」を展開しました。その自由民権の思想をアピールするために書かれたのが政治小説です。日本史を学んだ方のなかには、あるいは矢野龍渓の「経国美談」（1883〜84年＝明治16〜17年）という小説のタイトルを憶えている方もいらっしゃるかもしれません。この作品が一般的に政治小説の代表作と言われています。「経国美談」は岩波文庫で上下2冊、大きな書店ならすぐに見つかります。漢文書き下し文のスタイルに、最初は戸惑うかもしれませんが、文体に慣れてばたちどころに物語に惹き込まれることは私が受け合います。

舞台は古代希臘（ギリシア）。セーベは民政によって長らく治められてきましたが、あ

る時、専制政治を企図する奸党がスパルタの援助を受け、クーデターを起こします。民政を支持する正党のイパミノンダスは捕えられ、その仲間ペロピダス、メルローらはアゼンなど隣邦に逃れます。彼らは艱難辛苦を経た末に、隙を窺って遂には奸党を倒し、セーベに民政を取り戻します（以上、前篇）。後篇ではセーベとスパルタの争いが描かれます。知将イパミノンダス総督が率いるセーベ軍と同盟軍はレウクトラの戦いでスパルタ軍に大勝し、セーベはギリシアの覇者に君臨します（以上、後篇）。

興味深いのは、前篇では民政回復までの道のり（自由民権運動の当初の目標）を描き、後篇ではセーベの国威発揚が描かれている点です。周知のように1889年（明治22年）に大日本帝国憲法が発布され、翌年には帝国議会が開設されます。すなわち、限定的とはいえ、一応は自由民権運動の目標は達成されたのです（もちろんその間、加波山事件や秩父事件など、自由党の蜂起が政府によって仮借なく弾圧されたことは忘れてはなりません）。その後、日本は帝国主義路線を強化します。日清戦争（1894〜95年＝明治27年〜8年）に勝利した日本は台湾を植民地として獲得、「大日本帝国」拡大への路を歩むことになります（その最終的な結末がどうなったのかは、皆さんもご承知ですね）。つまり、舞台こそ古代ギリシアに取材していますが、あたかも《国民国家》日本の歩みのアレゴリーのような内容を『経国美談』は持っているのです。

ほかにも、『八十日間世界一周』に代表されるジュール・ベルヌの翻訳小説の流行（明治10年代）と、当時の最新の欧米文化に対する人びとの好奇心を結びつけて解説したり、日清戦争直後に書かれた悲惨小説・深刻小説を日本の近代化の矛盾の徴候として説明したりといった具合に、文学上の動向を日本の近代化（《国民国家》化）とリンクさせながら

第1章　カルチャー　24

(4) 直井潔 「一縷の川」 〜〈教養〉から〈生き甲斐〉に〜

授業を展開する。言い換えるなら、小説を独立したものとして扱うのではなく、歴史や社会、さらには〈政治〉と関わらせながら講じることで、文学の力学を明らかにすることが可能となるのです（私が大学時代に熟読した『明治の文学』『大正の文学』『昭和の文学』（有斐閣）と、これらの本がきっかけとなって接した数々の小説は、授業の重要な発想源となっています）。

ところで、なぜ私が文学研究の道に足を踏み入れたかというと、それは中学2年の時に志賀直哉の「暗夜行路」に出逢ったからです。その少し前、私は文学好きの少年の例に洩れず太宰治にはまっていました。特に「人間失格」。道化を演じながら、世間の醜さ、不潔さに耐え続け、遂には廃人同然の扱いを受ける主人公、大庭葉蔵に私は自分自身の姿を見ていたのです。いまとなっては、青春の麻疹ですね（汗顔の至りです）。その後、大学時代に再読して、ああ太宰は自分をパロディ化しているんだと納得しました。でもその当時は、生意気にもかなり深刻な厭世観に陥ってしまいました。「人生なんてつまらない、社会は汚らわしい」。そんなことばかり考える不健全な状態が少しの間続きました。そんな私の前に現れたのが「暗夜行路」だったのです。主人公、時任謙作が自分には責任のない「運命」に苦しみながらも、ついには悟達といってもよい境地に辿り着く。結末の一節を読んだときは思わず涙していました。格好つけて表現するなら、「人間失格」の世界からの甦生を果たしたのです。そのような事情から、私は現在、志賀直哉を中心とした日本近代文学研究を生業としているのです。

しかしながら、私の「暗夜行路」体験などまだまだ甘いのなかで「暗夜行路」と出逢い、自分の生涯を決定づけた人がいます。世の中にはもっと過酷な状況者にもあまり知られてはいない作家ですが、直井潔（本名、溝井勇三）という人がいます。おそらく文学研究直井と「暗夜行路」との関係は、「壮烈」の一語に尽きます。いや、いささか先走りしすぎました。直井の自伝小説「一縷の川」（私家版、一九七六年＝昭和五一年）をもとに、この作家の半生を紹介しましょう。

中学卒業後の直井は、『キング』『講談倶楽部』『富士』といった講談社系の雑誌の愛読者でした。ご存知かもしれませんが、当時は高級な「岩波文化」と、大衆的な「講談社文化」が歴然と区別されていました。だから当初は、直井はさほどのリテラシーを必要としない気楽な読み物を愛読していたのですね。ところが、ふとしたことがきっかけで志賀直哉の短篇小説「范の犯罪」を読み、彼は深い感銘を受けます。いわば文学開眼と言ってもよいでしょう。それからの直井は、講談社系の雑誌はやめて、『改造』や『中央公論』といった高級な総合雑誌や、トルストイやドストエフスキー、バルザック、モーパッサンといった外国文学を読み漁る文学青年になるのです。ただしこの段階では、文学は直井にとってあくまでも〈教養〉の域を超えるものではなかったことを確認しておきましょう。

ところが、思わぬ不幸が直井を襲うことになります。一九三七年＝昭和一二年に勃発した日中戦争に徴用され出征した彼は、徐州会戦に出発して間もなく赤痢に罹り、さらに悪いことには治療中に急性関節ロイマチス（リウマチ）をも併発し、「不具廃疾の体」（原文のまま）になってしまいます。具体的には、全身の関節が次第に硬化・畸型化して曲がらなくなってしまうという治癒不能な難病です。兵隊として使い物にならなくなった直井は

ぐさま帰還しますが、何しろ日常生活もままならない体です。せいぜい気晴らしに、小説を読むくらいしかすることがない。そんななかで出逢ったのが、志賀直哉の唯一の長篇小説「暗夜行路」だったわけです。以下、直井の「暗夜行路」体験を「一縷の川」から抜粋します。

> ある時、岩波文庫の『暗夜行路』を買って来て貰った。そしていったん読み出すと、すっかり惹きつけられ、自分の体の疲労も忘れ、それこそ貪るように読み耽った。僕は今もその後篇を読み終った日のことをよく覚えている。その小説の最終近く主人公の時任謙作が大山登山をすることになって、一行の仲間に加わって、しかし体の調子が悪く、山頂近く一行からはずれて途中の繁みに入り、体をやすめながら眺めた下界の夜明の荘厳な景色の描写が読み疲れて閉じた瞼の中にありありとよみがえるのだった。(18〜19頁)

直井は『暗夜行路』を、「どんな運命悲劇にも挫折せず超克して行く人間像の創造を目標としての作品ではなかったろうか」と読み解き、自分も『暗夜行路』の主人公、時任謙作と同様に「なんとしてもその運命に堪えなければならぬ」と固い決心をするのです。

先に、直井の『暗夜行路』体験を「壮烈」だと記しましたが、その理由の1つは彼が『暗夜行路』後篇(当時の岩波文庫で333頁もあります)を完全暗記したことです。いくら時間がたっぷりあるといっても、これは尋常の沙汰ではありません。しかも直井は充実感を味わいながら弛まずに、このおそらくは前人未到の営為を完遂します。そしてある時、

ついに彼は意を決して、もし自分に小説が書けたならばご拝読願えないかという趣旨の手紙を、志賀直哉に送ります。志賀からは承諾の旨と懇切な返事が届き、直井は感動のあまり落涙しそうになります。小説の執筆は直井の肉体にかなりの負担を強いることになりますが、彼はそのハンディキャップに耐え、自身の療養所生活に題材をとった「清流」という小説を完成させ、志賀直哉に送ります。志賀からは好意的な感想が送られて来たのみならず、志賀の尽力もあって、「清流」は直井にとって憧れの雑誌である『改造』に掲載される運びとなるのです（しかも、この小説は芥川賞候補にもなります）。

手紙を介して直井は志賀直哉に師事し続け、戦後も寡作ながら小説を書き続けます。一介の文学青年に過ぎなかった直井潔が、過酷な状況下（不具廃疾の体）で「暗夜行路」に出逢い、やがて小説執筆に〈生き甲斐〉を見出すようになる。「〈教養〉から〈生き甲斐〉に」。これがこの項のサブタイトルでした。

本書を読まれている方、特に現在大学で学ばれている方、あるいはこれから大学に入学される方に僭越ながら一言申し上げたい。商学部の学びのなかで、皆さんにとって最重要なのが「商学」であることは言を俟ちません。しかし、主に1、2年次に設置されている「総合教育科目」で身につける〈教養〉は、現在のような高度情報化社会のなかでは即効性はないかもしれません。将来の皆さんの人生において、ことによると重要な意義を持つことも大いにありうるのです。吉田氏も大学時代は「人間として深みのある、幅のある「教養」を身につける絶好のチャンス」であるとおっしゃっています。どうぞ、人生の先輩の声を謙虚に受け止めていただきたいと思います。

〈教養〉という言葉が出ていただきましたので、次項では昭和教養主義を牽引した人物に関するエ

ピソードをいくつかご紹介したいと思います。

(5) 〈戦闘的自由主義者〉河合栄治郎

『これが商学部』(「商学」は「経済学」などもその一部に含む包括的な学問です)なのだから、私が最後に東京帝国大学経済学部教授、河合栄治郎を取り上げるのは理に適っているでしょう。いささか私事になりますが、先日、「暗夜行路」論を書くため、ドイツ留学後の河合栄治郎の日記や身辺雑記を通読しました。

河合は単に経済学者（社会政策学を専攻）というのみならず、軍部のテロが吹き荒れる1934年＝昭和9年に『ファッシズム批判』(原文のママ)を著すなど、自由主義思想を徹底的に擁護し、〈戦闘的自由主義者〉と呼ばれた人物です。けれどもそれが祟って、1938年＝昭和13年には著書4冊が発禁処分を受け、翌年、教授会に諮られることなく休職処分となり大学を追われます。いわゆる「平賀粛学」です。のみならず、河合は出版法違反の嫌疑で起訴され、刑事被告人となります。悲劇の学者と言えるかもしれませんが、河合はまた天性の教育者でもありました。日本評論社から出版された『学生叢書』シリーズの編集は、休職・起訴後も続けられ、閉塞状況におかれていた学生たちに、生きる指針を与えました。

さらに河合は1940年＝昭和15年に、昭和教養主義のバイブルとも言うべき『学生に与う』を著し、河合は〈教養〉の大切さを強く学生に訴えました。

もちろん、河合は自分でも日々〈教養〉を身につけることを怠りませんでした。この人の日記を読むと、その圧倒的な読書量に驚かされます。専門の学術書はもちろんのこと、小説（通俗小説などを含む）、講談本の類にまで目を通しています。ちなみに河合が「暗

夜行路」を読んだのは、休職・起訴直後のことです。次に引用するのは、1939年＝昭和14年、3月12日に箱根の常宿へ向かう際の記述です。

「車中では「暗夜行路」をよんでいた。宿へ着いてやはり箱根はいいと思った。少し疲れている。「行路」をよみ続ける。「暗夜行路」の読書は翌日も続きます。「目が覚めたら九時半であった。こんなに手を離さずに小説をよむのも珍しい」。「暗夜行路」は益々いい。唯主人公の気分の余りにデリケートなのが気になる。此の夫人（主人公、時任謙作の妻直子のこと——引用者註）が赤城で会った志賀夫人のような気がしてならない。夕方散歩がてら仙石村へ理髪に行き、バスで戻り、九時半頃「行路」を終えた。よみ甲斐のある小説だと思った」。

余談になりますが、河合は一高在学時代から、長期休暇を利用して赤城山で過ごすことが少なくありませんでした。1915年＝大正4年、たまたま志賀直哉夫妻と帝大を卒業したばかりの河合は赤城の猪谷旅館で同宿となりました。それはともかくとして、日記から河合の「暗夜行路」に対する評価が相当に高かったことがわかります。しかも日記を読むかぎり、河合はわずか2日間で長篇小説「暗夜行路」を読了したと思われます。志賀直哉が16年の歳月をかけて、ようやく連載終了まで漕ぎ着けた長篇小説を。専門書はさすがにもう少し時間をかけて読んだのでしょうが、とにかく休職のため時間に余裕ができ、読書に割ける時間が増大したのですね。

晩年の1943年＝昭和18年には1年間で158冊もの書籍を読破しています。河合は翌年の2月15日に心臓麻痺で53歳といういささか早すぎる死を迎えますが、研究のために

これほどまで心身を酷使しなければ、敗戦後には名誉回復がなり、大学に復職できたことはまちがいないところです。しかし、編者によって「静かなる晩年」と表題がつけられた1943年＝昭和18年以降の日記には、読書すること、自己の研究を深めることに対する喜びが満ち溢れています。その一生は、「かかる時にかかる人ありて成長して世を去りきと云う一事のみで、以て世に残すに足る。之が人格主義の価値観である」（「病床の記」、1942年＝昭和17年）という河合の理想に適ったものだったと私には思えます。

私もさすがにこの本を読まれている方（特に学生諸氏）に、自分のことは棚に上げて、壮絶といってもよい河合栄治郎の生き方を見習えとは申しません。ただ、困難な時代のなかで〈教養〉の普及に全力を注ぎ、自らも〈教養〉を深めていった河合栄治郎の姿に学ぶべきものは大いにあると考える次第です。

(6) おわりに

最後に僭越ですが一言書き添えます。〈教養〉を身につけるということは、単に知識を得ることではない。作家の名前や小説の名前をいくつ覚えたってそれは〈教養〉ではない。知らず知らずのうちに貢献するもの、それが〈教養〉なのではないでしょうか。別にトルストイやドストエフスキーを読まなくてもよい。志賀直哉だって読まなくてもかまわない（本当は読んでほしいのですが）。漫画だって、バンド活動だって、スポーツだって、それが皆さんの生き方をより豊かにするならば立派に〈教養〉と呼ぶ資格があると思います（ふつう世間では、これらを〈教養〉とはみなさないでしょうが）。ただ、正典（カノン）となった小説には、そのように扱われるだけの相応の

理由はあると思います。また長編小説、たとえばロマン・ロラン「ジャン・クリストフ」(岩波文庫で全4冊)などを読む時間は、社会に出たらちょっと見つけにくいと思います。文学が皆さんの人生を豊かにするかどうかはわかりません。しかし、食わず嫌いならぬ、「読まず嫌い」で大学時代を過ごすのは少しもったいない気がします。皆さんが「座右の書」と出逢われることを願ってやみません。

【参考文献】
紅野敏郎ほか編『明治の文学』有斐閣、1972年。
松井慎一郎『河合栄治郎―戦闘的自由主義者の真実―』中央公論新社、2009年。

3 太田伸之氏に聞く ファッション産業での半生、そしてクールジャパンを世界へ

入学直後に大学封鎖、独学でファッション・マーケティングを勉強

私が明治大学に入学した頃には、学生運動の名残や授業料値上げ反対などで、学校封鎖が頻繁にありました。高校3年間はサッカーをしていましたが、大学へ入ったら勉強しようと思って三重県桑名市から上京したところ、1カ月もたたないうちにロックアウトで授業は休講、大学構内にも入れない。仕方がないので、マーケティングを独学で勉強して、僕が主宰して大学を超えてファッションのマーケティング研究グループをつくって、いろんなメディアにマーケティングの分析結果を発表したり、当時ユニチカという大きな繊維会社がありましたが、そこと組んで若者調査をしてその結果を、半分はユニチカの営業目的のマル秘書類として、半分はマスコミに発表したりするということをやっていました。

当時はオイルショック直後で、大手企業もおそらく経費節減ということで我々のところに依頼があって、年に4回ほど膨大な量のアンケート調査をしました。その当時は大型コンピュータでデータを解析してもらって、そこから読み取れることがらをマスコミにも発表していました。そうやっているうちに、だんだんファッションのマーケティング分析が面白くなって海外にまで売場を見に行ったりもしました。

太田伸之氏
クールジャパン機構 代表取締役社長
1977年 経営学部卒業

実家の跡継ぎからの方向転換

実家が、三重県でも大きなテーラーだったので、大学に来るときに、私は親に余分なものを2個持たされました。1つは、英会話のテープ。もう1つは、紳士服をつくる製図用のガイドブックです。父に言われたのは、大学4年間、昼間大学に行くのは当たり前で、夜は洋服をつくる学校へ行けということ。それから英語を早くからマスターしろとも言われていました。大学を卒業したら、ロンドンのサヴィル・ロウに修業に行って、帰ってきたら家業を継げというのが、父から与えられた命題で、素直にそのつもりで東京に出てきたのです。

夏休みも腕のいい先生にパターンメイキングを個人教育で教わって、家業を継ぐつもりでいたのですが、父の友人から「お前が自分でものをつくるわけではないだろう。お前は経営者になるんだろう。ものをつくる人は雇えばいいんだから、それよりマネジメントを勉強しなさい」と言われました。確かにそうだなと思っていたところ、父が、卒業していきなりサヴィル・ロウじゃ可愛そうだから、同業者の社長さんたちの研修ツアーにくっついていけと言われて、ヨーロッパへはじめて行かせてもらいました。

その次には、ハワイのショッピングモール視察のツアーにも入れていただいて、最後にはニューヨークへ自分で旅行して、さらにもう1回ヨーロッパに行って、出した結論は、「親父、悪いけど、ヨーロッパへ行く気はない。俺はマーチャンダイジングを習得したい。日本でも有数のマーチャンダイザーになりたい。そうするためにはアメリカへ行くしかない。したがって家業は継がないから好きにやれ」と言いました。父も「お前に財産はやらないから好きにやれ」ということで、私は明治大学を卒業してアメリカへ行きました。

ただしアメリカで勉強しようと思ったわけではなく、アメリカに身を置けば、マーチャンダイジングを肌で体感できると思ったのです。ヨーロッパに行って感じたのは、良い生地を使っておしゃれだし、デザイナーブランドも、高級品もいっぱいある本物があるけれど、何だか特権階級の臭いがしたのです。ところがアメリカでは、大きなショッピングモールにポリエステルの衣料品と合成皮革の靴がいっぱい並んでいて、でもダイナミックだなと思いました。ここにはハイエンドなファッションはないけれど、マーチャンダイジン

第1章 カルチャー 34

グのダイナミズムがある。そのダイナミズムにしびれてしまい、「私がやりたいのはこれだ」と直感しました。そして「ここには未来がある」とも。大学を卒業してすぐ、5月には渡米しました。

アメリカでの生活

ニューヨークに滞在して、私はこの街で生きていくのだと思いながら、結局8年間過ごしました。ニューヨークで生計を立てるために、いろいろなメディアと特派員契約をしてレポートや記事を書いたり、アメリカのいろいろな協会の仕事を手伝ったりしました。それから、バーニーズ・ニューヨークが、日本のデザイナーの商品を買い付けてアメリカでも売ろうということで、日本のデザイナーをバイヤーたちに紹介したりしました。1980年代初めの世界のファッションビジネスでは、まさに日本のデザイナーブームでした。

「パーソンズ」という、世界でも有名なニューヨークのデザイン大学の夜間課程に、バイヤーをめざす人や、現役のアシスタントバイヤーを集めた、バイヤーの養成講座があるということで、そこに入れてもらいました。そこでは、次の3つを教わりました。1つはバイヤーとしての道義的責任。いわばバイヤーとしての姿勢ですね。2番目がバイヤーのスキルとしての計数管理と計算実務。そして3番目が、売場を読み取る技術。

たとえばその3番目は、売場へ歩いていってレポートを書いて、発表して怒鳴られることの繰り返しでした。手を抜いて見てこようものなら、「どこを見てきたんだ！」と怒鳴られる。このことで私は、売場で時代を発見するとか、昨日と今日でここが違うよなというようなちょっとした変化を見つけるとか、たぶんこのデザインは廃っていくな、このブランドだめだよな、この百貨店はつぶれるよな、という予見能力が磨かれました。それ以来、私の仕事の原点は全部売場という現場です。

帰国後は、デザイナー組織づくり、ビジネスパーソン育成、そして社長として、数々の仕事を掛け持ちで

ニューヨークで日本のデザイナーブームに火がつきましたが、その出発点ときっかけは我々がつくったのです。それを通して知り合った三宅一生さんたちに、世界の主要各国にはデザイナーたちの協会があるけれ

ど、その当時の日本にはまだなかったので、それをつくってくれと頼まれて帰国しました。日本に戻ってから、東京ファッションデザイナー協議会（CFD）という任意団体を、三宅一生氏、山本耀司氏などと一緒に設立しました。その趣旨は、デザイナーたちの意見を政府はじめ社会に訴えていこうというのが1つ目。

2つ目が、自分たちの新作発表をする東京コレクションを年に2回開催するということ。そしてもう1つは国際交流でした。日本が世界の窓口になって、主にアジアマーケットを掘り起こして、アジアと連帯することを目標に、結局10年間リーダーを務めました。

そして次は、せっかくデザイナーやクリエイターが育ってきていても、ファッションの分野はビジネスとしてはどうしても幼稚に見えて仕方がない。それはやはりプロのビジネスマンがいないからだと思いました。

ニューヨークでは、パーソンズでの経験もあって、どちらかというとファッション雑誌を見るよりも、売場で事実を確認するという現場主義でやってきました。そのおかげで、自分で言うのも変ですが、売場でものが見える才能が開花したと感じました。何とかこれを日本の若い人たちに教えてあげようと思って、勉強会を始めたんです。その後、「プロのビジネスマンをファッションの世界で育てたい」ということを当時の通産省に提案して、IFIビジネススクール（財団法人ファッション産業人材育成機構）の設立に奔走し、開校後はそこでずっと、ファッションビジネスの教え方を指導してきました。

そしてご縁があって、当時の松屋社長（古屋勝彦・現名誉会長）に「うちの会社の改革に来ないか」と誘われて、それで松屋の子会社の東京生活研究所というシンクタンクの専務取締役所長として、松屋の改革をはじめ提携先の百貨店の指導をしたりしました。

その後、イッセイミヤケから社長で来ないかと誘われて、10年間社長をやりました。その会社でも、古い体質のデザイナー企業からそれとは違う形のビジネススタイルにしようと思って、週に1回、社内学校を開きました。

僕が三宅さんから託されたミッションは、「太田さん、社長をやってほしい。いままで30数年間は、僕というカリスマがこの会社を引っ張ってきました。これからは僕じゃないカリスマが引っ張っていく時代です。そればデザイナーではありません」ということでした。

大体の改革はできたころに、社長というのは長く1人の人間がやるものではないという自分なりの信念で、また松屋に戻ってきたのです。

ビジネスとして見た、ファッション産業の基本

ファッション産業は映画産業に似ていると思います。映画産業も、監督が役者を育てて良い映画をつくっても、それを配給する人たちにマーケティング力や宣伝力がなかったら、あるいは配給先で映画館のマネジメントができていなければ、決してヒットしません。それと同じように、いくらデザイナーやクリエイターが、いいものができたと言っても、それをどのタイミングで、どうやって、どれだけの量を売るか、その計画ができていないままで、名ばかりのOJTでの山勘や経験だけじゃ絶対にだめです。私は常に、「感性だけではだめだ。ファッションを科学しろ」と言い続けました。日本人デザイナーは、アメリカのデザイナーよりもはるかに進んでいる。また、クリエイターの才能もさることながら、モノをつくるという基盤も整っています。しかしながら、ビジネスという点では本当に発展途上の段階で、地に足がついてないというのが、そ

の頃の日本のファッション業界でした。イッセイミヤケの社長になって私が社員に言ったのは、「まずマーチャンダイジングの原理原則をきちんと取り入れること」、「いままでのこの会社は、たぶんデザイナーが起こした小売業をめざそう。そして小売業で一番大事なのはお客様。何を置いてもお客様のスキルを身につけることが大事なんだ」ということでした。

マーチャンダイジングの基本は、定数定量。与えられた売場面積に対して何枚、何個、何品番置くのかということを、きちんと計画をもって進めること。そしてお客様に接する販売員を大事にしなければ良い会社になれないということを徹底しました。カリスマ販売員として自分がたくさん売ることだけを考えている店長には、「お前さんは売らなくていい。君たちに求められているのはマネジメントだよ。ストアマネージャーの仕事は、マーチャンダイジングと、販売員たちを明るく元気に気持ちよく仕事をさせること。お客様に満足していただける場をつくるのが、店長の仕事だ」と教え込みました。

小売業がプロデューサー

私がファッション業界でいつも言っているのは、「小売業がプロデューサーになれ」ということです。製造現場の工場の職人さんたちと、アパレル企業やデザイナー企業を一緒のテーブルにつかせて、「私はこんなのをつくりたいんです。一緒にやりませんか」ということを小売業が言ってものをつくりあげてもらう。自分たちがつくりたいものをどれだけ真剣に主張できるかが大事で、それができなくなったら百貨店などはいらないと思っています。

かつては綿製品で栄え、合繊を発明したアメリカの繊維産業に陰りが見え始めた1980年代のころは、日米繊維交渉の影響で輸出がストップしたりして、国内の産地はいろいろ苦労しましたが、日本にはまだまだ優れた産地や特徴的な技術の繊維メーカーがたくさんあります。たとえばいまでは、北陸の合繊は世界でもトップレベルです。世界に冠たるファッションブランドは、みんな北陸の合成繊維を使っています。はっきり言って値段は高い。でも絶対に値段を下げてはいけないと言っています。有名ブランドの人気商品で、北陸の高密度ポリエステル技術がなかったら成り立たないものも数多くあります。

広島や岡山にも高品質のデニム生地メーカーがあって、非常に特徴のある製品をつくっています。私たちが提案して、2012年の3月に、銀座の歩行者天国に100mのデニムステージをつくってデニムのファッションショーを行いましたが、そのねらいは東京の銀座から世界に向けて、「日本のデニムはすごいぞ」と言ってやろうぜということでした。しかもそれを松屋が提案して、ライバル関係にある隣の銀座三越と一緒に実施したのです。これまで80年間、お隣同士の店なのに一緒に仕事をしたことが1回もなかったばかりか、三越のロゴマークと松屋のロゴマークが同じ買い物袋に付くというようなことはあり得ないことでした。自分たちは競争相手、でも大事なことは銀座に来るお客様が買い物を楽しんでくださればいい、銀座から世界への情報発信ができればいいということで、トップ交渉を持ちかけて決行しました。その成功を受けて、翌年はプランタンも加わることになりました。このように小売業が力を合わせて、「メーカーさんと一緒になってつくってみせるぞ」という心意気を持つことが、じつは一番大事なのです。そのことによって産地が、

「わかりました。一肌脱ぎますよ」と言って、新しい革新的なことをやっているうちに新しい知恵や技術が生まれるわけで、その結果が、メイドインジャパンの灯を消さないことになっていくのです。

学生へのアドバイスとして

私のこれまでのいろいろな経験からわかってもらえるといいのですが、オポチュニティ、すなわち機会はまさに無限にあるわけですが、それをどう自分に取り込んでいくかが、ビジネスにおいて重要になります。

まず第一に、「現場で分析する力」をつけること、第二が「感覚を身につける」あるいは「五感を磨く」こと、そして第三が、否が応でもグローバルな世界になっているので「英語をはじめ外国語を身につけて、外国に対する対応の仕方を心得る」ことです。

1つ目に関して若い人や部下によく言うのは、百貨店やスーパーに行ったら、試食をさせてくれる。そうしたら全部食べてみたらいい。食べればうまいか、まずいかはわかるけど、それを遠慮して食わなかったらわからないだろうと。とにかく体感できるものは全部やれと。じつはタダのものが世の中にはいっぱい転

がっていますから。たとえばラルフローレンのパープルレーベルの背広は、学生たちは値段が高くて買う必要はないけれども、体がとろけるというのが袖を通した瞬間にわかる。それが本当の背広だよって言うんです。そんな風に、トレンドというのはただ格好いいだけではなくて、じつは根拠があるのだということも実感してほしいです。

2つ目は、「五感を磨く」ということに尽きるのではないでしょうか。映画を観て涙を流したり笑ったりということも大事だし、マンガだろうが、テレビのドキュメンタリーだろうが、とにかく五感を揺さぶるものに触れること。日本の教育体系って、小学校からずっと知性は動かしてきたけど、感性は軽く見られてきているように思います。つまり感性は自分で鍛えなさいということでしょうか。したがって学校外でいろいろなものを見たり、旅行をしたり、そしてアルバイトであってもいいと思いますが、とにかく心臓がバクバクするような体験をどれだけ積んでくるかということが一番大事で、知性と感性のバランスがとれてないと、世界に通用するビジネスパーソンにはなれないのではないでしょうか。ファッションで言えば、デザイナー

は右脳を使って創造する役目、しかしビジネスパーソンは、右脳でそれを理解しつつも、左脳も使った判断ができなければなりません。

3つ目のアドバイスの、グローバル世界での活躍をめざすということについては、私自身のニューヨークでの体験もそうですが、クールジャパン機構で共に汗を流す友人のことをご紹介します。その方の発想はどこか限りなく私に近くて、大学を卒業してまず、アフリカへ行って仕事をしてみたいと思ったというのです。アフリカで仕事をするために、まずヨーロッパに行かないと入っていけなかったので、フランス語圏のアフリカへ行きたいということから、まずパリへ行ったそうです。ところが仕事もないし、資格もないから、毎日ベビーシッターと皿洗いぐらいしか仕事がなくて、その当時、1週間で20フランしかお給料をもらえなくて、いつも空腹で栄養失調にもなりかけたところ、たまたま大手総合商社の現地事務所がアルバイトとして採用してくれて、そこでアルバイトをやっているうちに、「それならアフリカへ行ってこい」というのでアフリカへ営業に行って、それで本採用になったという人物です。本採用になってから日本の本社に戻ってき

て、今度は放送衛星を打ち上げる仕事に従事するのですが、衛星を何回上げても、壊れるし落っこちるしということで、それで上司とケンカになって辞めたら、次はあるテレビ局から来るように言われて、衛星放送の新事業の立ち上げを指揮したようですが、外部からの買収工作の防衛や交渉などにも尽力したようですが、その後にその放送局の系列会社の社長になって、次は私と一緒にクールジャパン機構の会長として働くことになっています。

これからは、そういう「定型外」の生き方をしてきた人たちがチャンスをもらえる時代になるという気がします。留学に関心を示さない学生が増えていると聞きますが、協定大学への交換留学でもいいから学生時代に、とにかく数カ月間でも外国に行くべきだと思います。これからの世の中はネット社会で国境なく時差のない世の中になって、好むと好まざるとに国際社会のまっただ中にいることになります。海外生活や文化にアレルギーがあってはいけないし、これからの日本のビジネスは、ドメスティックマーケットのなかだけでは絶対やっていけないでしょう。英語は必須、しかし下手でも

いい。流暢である必要はない。自分の思いが伝えられたらいい。若い人たちが留学を嫌って拒んでいたら、この国は亡んでしまうと私は考えます。

次は、クールジャパンを世界に向けて

これまで松屋で、そして銀座でもいろいろな新しいことをやってきましたが、今度は政府で「クールジャパン」の組織をつくろうということになって、「お前が社長をやらないか」という話をずっといただいてきました。イッセイミヤケから松屋に戻って役員としてまだやるべきことも多かったのですが、次は日本の将来のためにもう１つの新たな挑戦をすることにしました。

クールジャパンを通して、いま一番やらなければいけないことは、「戦後の日本の輸出のあり方を根本的に考え直す」ということです。日本の戦後の輸出というのは、基本的に高性能、低価格、そして効率重視でした。日本はいろんな分野でターニングポイントに来ています。クールジャパンをきっかけに、それを広く社会に訴えて、企業に意識改革を起こして、それで日本を引っ張っていくようにしたいと思っています。単

なる海外進出のための仕組みや入れ物づくりだけに終わらせたくもありません。産地や日本の地方と、海外とを直結させることにも力を注げればと思っています。

日本のモノは格好いいし、モノとしても絶対に悪くない。でも申し訳ないけども値段は高い、訳あって高いということを主張して、その根拠もちゃんと示して、びた一文まけられないという商売を誇りを持ってやっていくということが、これからのクールジャパンの本質です。それをめざして我々日本人はこれまで一生懸命にやってきたはずです。それは自動車業界も電機業界も全く同じです。

そして、そのビジネスモデルも、まず第一はホールセールの形にはしたくない。世界に向けてホールセールマインドで仕事をしても、最終的な主導権は取れません。小売価格の決定権者が必ずもうかるのです。アメリカでも、その決定権者は小売業です。しかしこれまでの日本の場合は卸売業でした。これからは小売業主導でビジネスをするか、もしくは自分たちが小売業に出ていけばいい。あるいは小売業とパートナーシップを組むのです。

これからクールジャパンでアジア戦略を構築するとき

にも、仲介者を入れてではなく、自分たちが小売と直で話をする。それでないと意味がない。

もう1点は、疲弊している日本の製造業に光を当てて、メイドインジャパンの灯を消さないこと。「日本は本当に良いモノをつくっているぜ」ということを、アジアのみならず世界に向けて主張していかなくてはなりません。その技を大切にしつつ、時代に合わせて継承していくことはとても大事なことです。全部日本製にしろとまでは言いませんが、日本の良いモノを世界に出すということを新たな視点で広げていきたいと、次の仕事に向けて考えています。

グローバル化とファッション
～日本人デザイナーの社会学～

藤田結子

(1) 日本人ファッション・デザイナー

皆さんは、海外で有名な日本人ファッション・デザイナーと言うと、誰を思い浮かべるでしょうか。若者の間では、最先端の流行を取り入れながら安い価格で売られるファスト・ファッションや、都市に集う若者たちから生まれるストリート・ファッションが人気ですから、ユニクロやA Bathing Apeを思い浮かべるかもしれません。しかし海外で最も有名な日本人ファッション・デザイナーと言えば、1980年代から今日まで変わらず、「御三家」と呼ばれる三宅一生、山本耀司、COMME des GARÇONSの川久保玲の3人でしょう。彼らは皆、ハイ・ファッションのデザイナーたちです。

前節で太田伸之さんが語っているように、この3人が海外で注目を浴びるようになったのは1980年代初頭頃です。もう30年以上も日本を代表するデザイナーであり続けているわけです。今日、彼らは70歳代となり、その長年の功績に尊敬の念を抱かざるを得ません。と同時に、なぜ彼らに並ぶ、あるいは彼らを超えるような若い日本人デザイナーが出てこないのかという疑問が浮かんできます。もちろん、sacai（学生に人気のBEAMSで

も取り扱っています)の阿部千登勢や、UNDERCOVERの高橋盾のように、海外で評価を得ている40代前後の「若手」デザイナーもいますが、「御三家」に比べればその知名度はまだ低いでしょう。

その一方で、最近では世界的に見て、中国系デザイナーの台頭がめざましいです。いまの日本の女子学生にとっては、3.1 Phillip Lim (フィリップ・リム) やAlexander Wang (アレキサンダー・ワン) は憧れのブランドでしょう。Anna Sui (アナ・スイ) も人気がありますね。これらのブランドは、日本の女性ファッション誌にもよく掲載されています。特に弱冠29歳のアレキサンダー・ワンは、2013-14年秋冬パリコレクションから、ヨーロッパの高級ブランドであるBalenciaga (バレンシアガ) のクリエイティヴ・ディレクターに就任しました。バレンシアガのバッグは日本でも芸能人や若者の間で大変人気があるため、名前を知らなくとも一度は目にしたことがある人が多いのではないでしょうか。バレンシアガほどの知名度・評価の高いヨーロッパの高級ブランドにおいて、アジア系デザイナーがデザインの責任者になるのは非常に稀なことです。最近の若手日本人デザイナーにそのような大抜擢を受けた者はいません。そうであれば、先ほどの疑問がさらに膨らむのではないでしょうか。ファッション界では、若手中国系デザイナーの活躍がめざましい。その一方で、なぜ世界で活躍する若手日本人デザイナーがなかなか出てこないのか、と。

(2) 文化が創られる社会の仕組みを考える

このような疑問を解くのに役に立つ学問分野の1つが、芸術社会学です。芸術社会学は、

第1章 カルチャー

社会の制度や仕組みのなかで、文化や芸術がどのように創られるのかを考える学問分野です。文学や芸術学では作品そのものや作者個人を主な対象として研究をしますが、芸術社会学では作品が創られる過程、作者や周囲の人々の関係、共有される意識や慣習、制度を研究対象とします。ファッションの場合、服そのものやデザイナー個人に注目するのではなく、あるファッションが創られるときに、デザイナーは日頃どのように考え活動しているのか、あるファッションがそういった人々に影響を与えているのか、あるいはバイヤーやジャーナリストとどのようなネットワークを築いているのか、ビジネス面についても考察しますが、それよりもミクロな人間の関係・行為や、マクロとミクロの中間にあるような慣習や制度を中心に分析を行います。

たとえば、マーク・ジェイコブスという大変有名なアメリカ人デザイナーがいます。明治大学で通学・授業風景を眺めてみると、彼がデザイナーをしているMarc by Marc Jacobsというブランドのバッグや小物を持っている学生がかなりいます。彼は現在、世界で10本の指に入るほど有名で人気があるファッション・デザイナーなのですが、それは彼のデザインがほかのデザイナーたちと比べて卓越しているからでしょうか。いいえ、それは、おそらく違うようです。ニューヨーク州立ファッション工科大学の研究者のヴァレリー・スティールは、「マークはすべてのファッション編集者のお気に入りだっていうことに、かなり助けられている。彼はとてもキュートで楽しい男性。すごく外見が良くて、魅力的で、セクシー。特に優れたデザイナーというわけではないけれど、売りやすい」と述べています。つまり、容姿が優れていて性格が魅力的であるために、ファッション界で働く人々

第4節 グローバル化とファッション

に非常に好かれ、さまざまな雑誌やメディアに取り上げられやすい。その結果、ブランドの人気が高まっていった、というのです。

ファッション・デザイナーの人気や評価が、デザインの質に加えて（場合によってはデザインの質よりも）、デザイナーの人間関係やメディアに強く影響されるということに、皆さんは驚かれたでしょうか。こういった構造は何もファッション界に限ったことではないでしょう。歌唱力や演技力が特に優れていなくても人気や評価が高まることのある日本の芸能界にもあてはまるかもしれません。このように、芸術社会学では、作品や作者個人の背後にある人間関係、人々の属性、共有される意識や慣習、制度を研究対象とします。

(3) なぜ欧米で成功することが難しいのか

さて、先ほどの疑問に戻りましょう。海外のファッション界において、若手中国系デザイナーの活躍がめざましい一方で、なぜ日本人の若手デザイナーはなかなか脚光を浴びることができないのでしょうか。この疑問を芸術社会学の視点から考えてみます。

まず、ファッションの世界的な中心地はパリです。毎年、春と秋にファッションウィークが開催され（通称パリコレ）、多くのブランドがステージや展示会で新作の発表を行います。世界各国のデザイナーがパリに集まるのは、ほかの都市ではパリが提供する地位を獲得できないからです。なぜなら、歴史と伝統のあるパリコレには、世界中から何千人もの編集者・記者やバイヤーが集結し、そのなかには特にデザイナーの評判に大きな影響力を持つ人々が存在するからです。最も有名な人はファッション雑誌『Vogue（ヴォーグ）』のアメリカ版の編集長アナ・ウィンターでしょう。彼女は映画『プラダを着た悪魔』の鬼編

集長役のモデルとしても知られています。彼女が気に入り、雑誌の誌面上で、またはファッション界の仲間にプッシュした新人デザイナーは、成功への大きな手掛かりを得たことになります。上述のアレキサンダー・ワンやマーク・ジェイコブスも彼女のお気に入りだと言われています。

また、太田伸之さんの話にあるように、バイヤーはデザイナーの成功に大きな影響力を持ちます。新進デザイナーにとって、ニューヨークのバーニーズのような有名デパートや、パリのレクレルールのような有名セレクトショップのバイヤーから買い付けられることは成功への重要な一歩なのです。有名店に商品が置かれることで、その商品を見た世界各国のバイヤーがこぞってそのデザイナーの商品を買い付けるようになります。

社会学者のユニヤ・カワムラによれば、デザイナーは、そのような有力者から「正統性」を承認されてはじめて、世界的に認められるデザイナーとなることができます。デザイナーにとって有力な編集者・記者やバイヤーの目に留まることがファッション界での成功の鍵なのです。さらに、マーク・ジェイコブスの例でみたように、このような人々と社交をして、ネットワークを築くことも欠かせません。必要なときに電話をかけて頼みごとをできる間柄になれば最高です。しかし残念ながら、パリコレと比べれば、東京コレクションにやって来る欧米の有力な編集者・記者やバイヤーは少ないのが現状です。したがって、日本のファッション・デザイナーが世界で成功したければ、パリやニューヨークなどの欧米の有名なファッションウィークに出て行くことがいまでも重要だとされています。

しかし、そのような舞台でショーや展示会を開催しても、欧米のファッション界で日本人デザイナーが有力者に気に入られたり、見出されたりすることはかなり難しいと言えま

47　第4節　グローバル化とファッション

す。芸術社会学の視点から見れば、その1つの理由は、言語や文化の壁により、有力な編集者・記者やバイヤーにアプローチをしたり、親密なネットワークを築いたりする手段が比較的少ないからです。今日活躍がめざましいアレキサンダー・ワンやフィリップ・リム、アナ・スイなどはみな、中国生まれの中国人ではなく、祖父母あるいは親がアメリカに移民し、アメリカで育った中国系アメリカ人です。彼らは英語を第一言語とし、アメリカで高等教育を受けていますから、欧米の有力な編集者・記者やバイヤーと英語で会話ができます。学生時代に築いたネットワークがあります。また、同じアメリカ文化のなかで育っているので、さまざまな美的感覚やユーモアも共有しています。したがって、有力者と知り合いになったり、積極的に自分を売り込んだりするときには重要なことです。言語・文化の壁はほとんどありません。

その一方で、日本人デザイナーの場合、1960年代以降の日本から欧米諸国への移民は中国や韓国に比べて大変少なく、日本で生まれ育った後に海外で挑戦する者が大多数です。そのため、英語を話せない、ネットワークを持たない、共通の文化や感覚を持たないなどの点で大変不利になります。私が海外で活動する日本人デザイナーたちにインタビューをしたとき、その大半は、欧米のファッション界の人々との社交やネットワークづくりが苦手で、編集者・記者やバイヤーに積極的に自分を売り込むことができない、と話していました。

もう1つの理由として、中国系デザイナーと比べれば、国境を越えた移民ネットワークが少ないこともあげられます。アメリカでは1965年に移民法が改正された後、中国系移民が急増しましたが、中国系移民一世が就く代表的な仕事の1つは服飾・縫製業です。中国系

じつは、世界的に成功した中国系アメリカ人のデザイナーの大半は、服飾・縫製業に関わる親を持っている移民二世、三世なのです。アレキサンダー・ワンの場合、台湾出身の母、実兄と義姉がブランドの経営面を支えるという家族経営のビジネスを営んでいます。また、母親は中国に縫製工場を所有しています。デザイナーが駆け出しのときには、一定の量を売り上げないとブランドとしては定着しません。新人デザイナーにはそうした「量の壁」がありますが、母親が中国に工場を持っていたワンは商品をつくってすぐに売り出すことができました。新たな工場が必要となったときは、母親が中国人脈ですぐに探してくれたともいいます（日本経済新聞『アレキサンダー・ワン』生んだ民族大移動 NYFアッション前線」2013年3月9日）。このように、アレキサンダー・ワンは、ファッション界の有力者と親密な関係をうまく築いただけでなく、台湾系移民のネットワークをフルに活用して成功を収めたと言えます。

　最後に、マクロな経済的側面やビジネス的側面にも触れておきましょう。現在、欧米資本の高級ブランドにとって中国は重要な市場です。近年の中国における高級ブランド商品の需要増が企業全体の利益増を牽引しているため、欧米資本の高級ブランドは、中国系モデルを起用したり、中国での積極的な広告キャンペーンを展開したりしています。中国系デザイナーを高級ブランドのクリエイティヴ・ディレクターに起用することは、中国の消費者の購買欲を高める戦略の1つだと推測できます。

　1980年代に起きた「日本のデザイナーブーム」を振り返ってみると、日本の「御三家」のデザイナーが世界で脚光を浴び始めた時期は、日米貿易摩擦や海外企業の買収などにより、世界で日本の経済的な存在感が増してきた時期でした。山本耀司と川久保玲がパ

リコレに参加し始めたのは1981年です（三宅一生は1973年）。日本が経済的な脅威となっていたこの時代に、日本からパリコレに進出してきたことは、欧米諸国で注目を浴びやすかったのでしょう。特に、当時の「御三家」の服は、黒を多用する色使いや斬新な素材・縫製方法、身体にフィットしないシルエットを特徴としていて、女性的な美しさの表現を重視してきた欧米のファッション界の常識を一変させるものでした。これは、先進国と言えば欧米諸国という当時の常識を覆し、近代において非欧米諸国のなかから、はじめて世界的な経済パワーとなった当時の日本の姿と重なるイメージだったのではないでしょうか。

また、この「日本のデザイナーブーム」の背後には、当時の太田伸之さんのように、欧米向けに商品を買い付けたり宣伝したりと、日本人デザイナーをビジネス面で支える人々の活躍がありました（詳しくは、太田伸之著『ファッションビジネスの魔力』毎日新聞社、2009年を参照）。クリエイティブを担当する側とビジネスを担当する側の協働がデザイナーの成功には不可欠なのです。

現在の日本では、少子高齢化により国内市場が縮小していくことが予測されています。また、中間層が形成されて、多数の人々が急に高級ブランドを買い漁るという時代も過ぎました。いまでも日本は高級ファッション・ブランドの大きな市場ではありますが、将来的には日本の市場の縮小を見据えて、経営陣は日本よりもアジアの経済新興国を重視するようになるかもしれません。海外のファッション界で日本人が、高級ブランドのクリエイティブ・ディレクターに抜擢されたり、ブランドを起こして注目を浴びたり、という機会を得ることはますます難しくなりそうです。そうであれば、デザイナー個人としては、ク

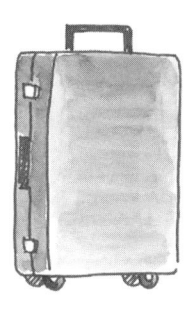

リエイティブな面だけでなく、言語能力・文化的素養などの「文化資本」や、それを基に広げていくネットワークが成功の鍵となるということを理解し、ビジネス面を支える人々と協力して戦略的に挑戦していくことが重要でしょう。

(4) 世界で活躍する人になるために

以上は、日本人デザイナーのお話でした。しかし、このような仕組みは、ほかの職業にもよくあてはまるでしょう。皆さんのなかには、将来グローバルに活躍したいと考えている人はいませんか。海外に出て活躍するには、ファッション界のケースで見たように、その場所で働く人々が使う言語で話し、さまざまな職種の人々と仲良くなり、ネットワークを築く能力が重要になってきます。自分が考えた作品・商品や企画がいくら優れていたとしても、それを製作する人、情報を伝える人、流通させる人、購入する人と円滑で良好なコミュニケーションを取れなければ、世に出て広く普及することは難しいのです。

そのためには、外国語の能力をできるかぎり高めておくべきでしょう。また、さまざまな地域の文化に対する理解を深め、多様な文化的バックグラウンドの人々と議論する経験を積んでおくことも重要です。そのためには、外国の社会や文化に関する講義を受けたり、英語で行われる授業で議論したりすることが有効です。これらの勉強はすべて、明治大学商学部で開講されている授業でも行うことができます。またキャンパス内にある国際交流ラウンジに通って留学生と交流することも可能です。

この節を読んで、海外で成功するには何が鍵となるのかもわかりましたね。皆さんも将来世界に羽ばたけるよう、今日からその一歩を踏み出してみませんか。

第4節 グローバル化とファッション

風間 淳氏に聞く
ホテル業への情熱と日本の伝統・文化・企業風土

ホテル業への熱い思い

私は卒業後、帝国ホテルに入社しました。もともと高校生の頃からホテルマンになりたいと考えていたので、大学受験では、ホテル業界に関する専門的な学科・学部のあるなしにかかわらず、社会科学系のビジネス関係の学部ばかりを受けました。しかし、学生時代そのものは、正直に言って、1年から4年までずっとアルバイトばかりしていて、あまり学校へ行かない学生でした（笑）。それでもなんとか4年で卒業できました。寛大な大学でありがたかったです（笑）。

4年の就職活動では、ほぼホテル業を中心に回りました。当時は就職が好調だったせいもあって、右も左も金融業界に向けての就職活動をしていて、そちらしか受けてない友人ばかりでした。自分でも、そういう業界も受けておかなければいけないのかなという気持ちもあったので、別の業種も少し受けましたが、やはり受けたところは、ほとんどホテル業でしたね。帝国ホテルから内定をもらうまでに は、私たちの頃でも7〜8回面接がありました。

4年制の大学を出てホテル業を志望する男子学生の絶対数は、当時はいまより圧倒的に少なかったと思います。男女比はいまでも7対3で女子が多いのですが、いまは男子のエントリーもかなりの数にのぼっています。

風間　淳氏
帝国ホテル ホテル事業統括部長
1986年 商学部卒業

仕事を通して見た「日本の伝統・文化」

日本人の伝統と言ってしまうと、ホテルだけで語れるのかどうかわからないのですが、帝国ホテルの伝統からお話しさせていただけるなら、それはまず、日々お客様からお声を頂戴しているなかにあります。お客様からは、お褒めの言葉ももちろんいただくのですが、お褒めの言葉と同時に「ここも直したほうがいいよ」「あそこも直したほうがいいよ」というご指摘も多々頂戴します。具体的にはコメントレターだったり、直接にお声を頂戴したりということがありますが、それについて帝国ホテルではとにかく、すぐに対応します。

こればかりは掛け値ナシというか、ウソ偽りなく、1つひとつのお客様のお声に対して、真摯にしっかり1つひとつを迅速に改善していくように対応しています。

そうすると、近々、帝国ホテルは開業125周年になりますが、125年も経つと、それがそのホテルのスタンダードというか、社内の規範というか、そういったものに変わってくるのです。

帝国ホテルは生まれたときから日本の「迎賓館」として存在しているブランドなのだと、よく社内で言われます。ブランドを維持するためには、そのブランドの名のもとでは、「良い・中くらい・悪い」という話ではなくて、「0（ゼロ）」か「100」しかないのです。帝国ホテルの場合は、お客様は「さすが帝国ホテルだ」と言ってくださるケースと、「帝国ホテルともあろうものが、どうしてしまったの」というケースの2通りしかないわけです。ですから、お客様は、100なのか、0なのか、という極端な評価しかくださらない。そうなってくると、それを受ける私どもには99点はないのです。100から1を引くと、いきなり0になってしまうのです。

これは、とても厳しいです。ですから、そのような評価に対して私たちはどう対処していくのか、という考え方が、自然と身についてくるのです。日々そう言われ続けていれば、自然と身につきます。それがやはり長い伝統というものの重みなのかな、というふうに思います。

企業風土と「さすが帝国ホテル推進活動」

じつは、いま一番力を入れてやっているものに「さすが帝国ホテル推進活動」というものがあります。先

ほどお話ししたように、お客様の評価は2通りしかない。そのお客様の声にどうやって私たちは応えていけばいいのか、というようなことをトップから一般職まで皆で一生懸命に考えるのです。一例としては、13年前から「さすが帝国ホテル推進会議部長会」というものを開催しています。

いま、帝国ホテルには部長が20余名いますが、部長たちが月に1回は必ず集まる部長会をやっています。ですから、最低でも年間12回はやることになります。時には泊まり込みの会になることもあります。経理部長も人事部長も管理部長も、すべての部長が集まって、現場のスタッフが日々どのように考えてサービスをしているのか、どのようにしたらもっとお客様に喜んでいただけるのかということを部長として現場と同じレベルで考え込み、意見を戦わせるのです。そして、その結果を部長は部下に落とし込んでいきます。全部長が一緒に考えることが重要なのです。

ホテルですから、装置産業とも言えるので、結局は、ハードウェア、ソフトウェア、ヒューマンウェアというものが、非常に高い次元でバランス良く機能していることが必要で、それがホテルとして一番正しい姿な

のだろうと思いますね。他のホテルが特にヒューマンの部分が弱いということではないのですが、たとえば、ソフトウェアとヒューマンウェアは別のものです。つまり、マニュアルはソフトウェアの範疇ということになります。

それは、たとえばマニュアルで「こうしなさい」と縛ったり、「あなた方は入社したら、このマニュアルに沿って行動するのですよ」というようなことが、他のホテルで行われたとします。そして、もしそのマニュアルが個々には帝国ホテルよりも優れたシステムを備えていたとしても、それが年月をかけて培われた企業風土だったり、規範だったり、規範みたいなものは、先輩のホテルの後ろ姿を見て育つ、一朝一夕には醸成されないものだといるかどうかというと、そうは言い切れないと思います。つまり、社風、風土、規範みたいなものは、先輩の後ろ姿を見て育つ、一朝一夕には醸成されないものだと思います。

27年のキャリアパス

私の場合は、入社してから今年で27年ですが、前半は管理部門に所属し、40歳になって、はじめて営業部門に移ってきました。頭でっかちな感覚で過ごしてき

た若い時代を、キャリアの後半に良い意味で少しずつ壊していくというイメージを持ってやっています。逆のパターンの方のほうが多いのかもしれませんが、私の場合は、お客様に触れ合ったりすることを、40代以降に多く経験してきました。

40歳を越えるとなかなか人間、自分を少しずつ変えていくというのも難しいですから、それに取り組めるというか、いろんな場面を通じて1つひとつ自分を合わせていったり、自分なりに少し対処していく経験を得られたというのは、とても貴重であったと思います。

学生へのメッセージと大学への要望

将来の進路を考える際には、あまり自分自身を枠にはめることなく、いろいろな業態というか、いろいろな仕事に目を向けてもらいたいと思います。私自身、早い段階で進路をホテル業界に決めていましたが、それでも、その分野、学部に限定して大学を選ばなかったのは、すごく良かったという気がしています。あまり大学にも行っていなかったのに偉そうなことは言えないですけど（笑）、いろいろな可能性が秘められているのですから、あまり型にはめることはないかなと思います。

新入社員の方々をはじめとして若い世代に接することは比較的多いのですが、事務処理能力という点では、彼らは僕らの世代より何倍も優れていると思います。ただ、これはよく言われることですが、コミュニケーション能力という点では、どうしても我々の期待値よりも低くなりがちではないかと思います。やはりコミュニケーションなので、対「ヒト」ですね。目前で相対した時に、相手がいまどういう状態で、何を考えているかということを、その場ですぐに察知する能力が必要です。それは先ほどの「さすが帝国ホテル推進活動」にもつながるところではあるのですが、相手のニーズみたいなものに応じて、最適な物言いだったり、行動だったりというものを、即座に実行に移してもらいたいと思うのです。それは、「あなた、機転が利くね」ということと同じです。そしてそれはスピーディーに、できるかぎり早いほうが良いのです。

もちろん、そうでない場面や職場も、確かにあるでしょう。スピードだけがすべてではなくて、一方で、私がいま言ったことと全く180度違う人材とか、全く違う行動様式を良しとする業務も、絶対に存在する

ので、私がいま言ったことがすべてのケースには当てはまらないかもしれません。

いずれにせよ、このような部分はこれまで大学教育ではあまり力を入れてこなかったかもしれませんが、特にホテル業の場合には、コミュニケーション能力や、瞬時の判断力のようなものがすごく必要になります。伝達方法として文字で良いものは文字で良いと思います。でも、その場の雰囲気や顔色まで伝えられるコミュニケーションが大切です。先生方が教室で話してくれることを一方的に聞くだけだったら、別にパソコンを前にしてでもできるわけです。また本だって、そのまま自分で読めばいいわけです。もし私が学校の先生だったら、「全部読んできて」と言って、教室では「みんなでディベートをやろうよ」、「君らとの間でこの解決されない問題について話をしようよ」というような授業をしたいですね。企業では「何をどう伝えるか」が一番大切だと思うので、大学でもコミュニケーション能力を養えるような場が増えていってほしいと思います。

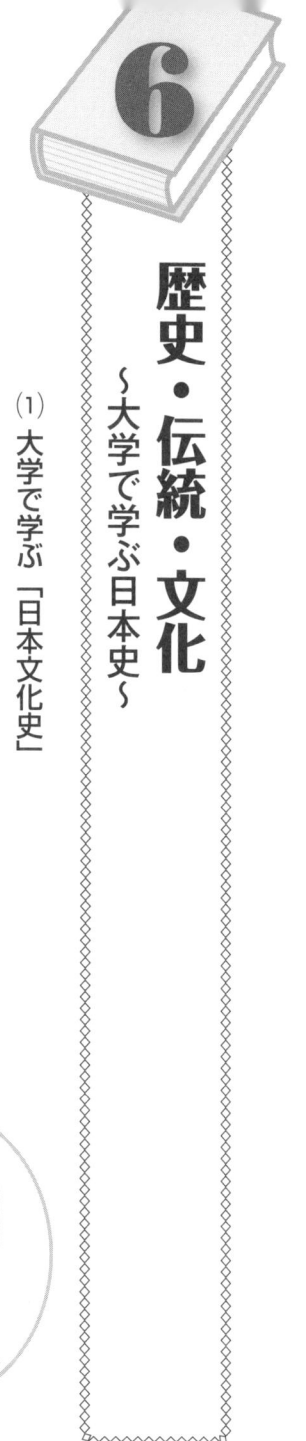

歴史・伝統・文化
～大学で学ぶ日本史～

(1) 大学で学ぶ「日本文化史」

皆さん、こんにちは。私は商学部で1～2年生を対象にした「日本文化史」という講義を担当しています。ゲームやテレビの影響なのでしょうか、最近は「日本史が好きだ！」「戦国時代に興味がある！」という学生が男女を問わず、かなり増えてきているようですね。私も戦国時代を専門に研究しているので、その気持ちはすごくよくわかります。「日本文化史に興味がある」という学生は、まず新入生のなかで見かけたことはありません。おそらく「日本文化史」というと、お寺の名前や仏像の名前を暗記させられる、あの「受験日本史」の無味乾燥な「日本文化史」のイメージがあるからなのでしょうか。もちろん「受験日本史」で紹介されるような寺院建築や仏像、歌舞伎や能楽、茶道や華道なども、重要な「日本文化」であることは間違いありません。ただ、それだけを「日本文化」と考えてしまうのは、ちょっともったいない気がします。

たとえば、前のページで帝国ホテルの風間淳さんが「企業風土」についてのお話をされていました。すべてのサービスをマニュアル化するわけではなく、その時々に応じてお客

清水克行

様に対してどのようなサービスを提供するべきかということを自然に身につける——。そ
れを風間さんは、「一朝一夕には醸成されない」「風土」とか「伝統」という言葉で表現さ
れていました。こうしたきめ細かな気配りやプロ意識は、帝国ホテルに限らず、さまざま
な場で日本社会や日本企業の美点として評価されていることだと思います。だから、こう
した姿勢が私たちの社会でどのように形成されてきたのかを考えることも、私は立派な「日
本文化史」なのではないかと思っています。

あるいは、こういうこともあるかもしれません。最近ではそうでもなくなってきたと言
われますが、それでも一度でも外国に出かけたことのある人なら、日本社会は極めて治安
の良い社会であることを痛感させられると思います。ちょっと道に荷物を置いて、その場
を離れても、それが何者かによって瞬時に盗まれてしまうということは、私たちの社会で
はまだそうそう起こりません。そうしたことを踏まえれば、私たちの社会は諸外国に比べ
て、極めて治安が守られていて、なおかつ与えられた仕事や役割に対して誠実に対応する
姿勢が共有されている社会である、と言えるかもしれません。

でも、その一方で、最近では「ブラック企業」という言葉もありますが、そうして与え
られた仕事の重圧に耐えきれなくなって心身を壊してしまう人たちや、それを強制する環
境も、私たちの社会には残念ながら少なからず存在します。それに対して不当であると声
をあげる人たちもいないわけではないのですが、そうした声は周囲の無理解に掻き消され
てしまうことのほうが多いようです。このように有形無形に個人に圧力を加えたり、過度
に同調を強いるような社会環境というものも、恥ずかしいことですが、一方で「一朝一夕
で醸成されない」、私たちの社会の「風土」や「伝統」であるようです。

高校の教科書に載っているような芸術作品や文学作品も「日本文化」の賜物には違いないのですが、私は「日本文化」をもっと広く捉えて、いま述べたような日本人や日本社会の「風土」や「伝統」と言われるものも、その対象にしていくべきだと考えています。「日本人の一般的な感性や常識的な思考の枠組み」とでも言いましょうか。良くも悪くも日本社会や日本人の特徴とされている性格が、どのように形成されてきたものなのか（また、そもそもそうした自己認識は当たっているのか）。大学で私が担当している「日本文化史」は、そういったことを考えることを主題にしていきます。

(2) 大学での「歴史」の勉強のしかた

では、私の専門に研究している分野は戦国時代ですので、具体的に戦国時代の実態を例にして話を進めましょう。最近は戦国時代に興味のある人が、本当に増えていまして、私の授業を受けている学生のなかにもずいぶんマニアックな戦国武将の名前を覚えている子がいたりして、驚かされることが多々あります。ただ、自分で好きで歴史の本を読むのと、大学で歴史を勉強するというのは、少し違ってきます。とりあえず今日は大きく2つの点を説明しておきましょうか。

まず1つは、戦国時代に興味のある人の多くは、戦国大名や戦国武将の魅力的なキャラクターや、華々しい合戦のスペクタクルに憧れを持っている人が多いと思います。もちろん、そのこと自体は面白いことだと思いますし、そうした興味を持つことは悪いことではありません。ただ、先ほど述べたような広い意味での「日本文化史」を考えていこうとした場合、戦国大名の経歴や軍事戦略のなかから学べることというのは、意外に多くはあり

ません。彼らは同時代でも希な、強大な権力を手に入れた特殊な立場にあった人たちですから、彼らの思考様式をもとにして、直接に当時のふつうの人たちの意識や感覚を明らかにすることはできません。むしろ私たちのご先祖さまにあたるような「名もない一般庶民」の歴史のほうに、そうしたことを考えるヒントが隠されていると考えるべきでしょう。

それから、もう1つは、そうしたことを考えていくうえでの「素材」の問題があります。個人的な趣味でドラマを見たり、小説やマンガを読むのだったら、たとえそれがウソだったとしても、構わない面白いほど良いと思います。極端に言えば、そうしたことを考えていくうえでの「素材」の問題があります。でも、ちゃんと歴史を勉強しようとするのだったら、それでは困ります。ただ「信長はかっこいい」とか、「武田信玄は頭がいい」と思い込みで言っているだけではダメなのです。それが言いたいのならば、多くの人が納得するような証拠をあげて説明しなければならないのです。そこで必要になってくる素材が、「史料」です。「史料」とは、当時の人たちが残してくれた、さまざまなメッセージのことです。私たちは思い込みを排除して、そうした「史料」のなかから当時の人たちの生活実態や考え方を読みとっていかなければならないのです。これが大学で歴史を勉強するうえでの最低限のルール、ということになります。「史料」に基づいていない話は、いくら面白くても「歴史」とは呼びません。

とはいえ、いきなり読者の皆さんに「史料」を読め、と言っても無理ですよね。私たちは和紙に墨でぐちゃぐちゃに書かれたような文字（くずし字）を解読することを仕事にしていますが、そうした文字を解読するのは、大学で専門に歴史を勉強した人でも、そう簡単にできることではありません。

そこで、今日は戦国時代の日本を訪れた西洋人が書いた記録や手紙をちょっと読んで

たいと思います。1542年に種子島にポルトガル人がやってきて鉄砲を伝えた、というのが、日本人と西洋人の最初の接触である、ということは高校でも勉強したことだと思います。以後、江戸幕府の「鎖国令」まで、多くの西洋人が日本にやってきますが、彼らは戦国時代の日本社会を実見して、驚きとともに、その様子を詳細に書き残してくれています。

彼らの情報が貴重なのは、当時の日本人が当たり前と思って書き残さなかった事柄に外国人独特の感覚で注意を向けてくれて、こまめに書き残してくれているというところにあります。たとえば皆さんのなかにも、毎日、日記やブログをつけている人がいると思いますが、日記やブログのなかにわざわざ「今日は食事を朝・昼・晩に3回とった」とか、「家に入るときに、玄関で靴を脱いだ」といった当たり前のことは書きませんよね。生まれたときから、その社会に浸っている人は、その社会で当たり前と思われていることを、わざわざ記録しようとはしないのです。その点、彼ら外国人は戦国時代の社会の「常識」を共有していませんから、いちいち当時の社会の実態を細かに書きとめてくれているのです。もちろん、それらはもともとはポルトガル語やスペイン語で書かれたものなのですが、幸い研究者が私たちにも読める現代日本語に翻訳してくれています。だから、西洋人の記録は、初学者が戦国時代の実態に迫ろうというときには、格好の「史料」というべきでしょう。以下、それらをもとに、皆さんと当時の日本人の実態に迫ってみようと思います。

(3) ザビエルが会った最初の日本人

鉄砲の伝来から少し遅れて、1549年にフランシスコ・ザビエル（1506～52年）

によってキリスト教が日本に伝えられたことは、もう皆さんよくご存知のことと思います。イエズス会を創設したザビエルは東洋布教を志し、1542年にはインドのゴアに渡り、45～46年にはマラッカ、モルッカ諸島などを訪れていました。そして、1547年末、マラッカで、ある結婚式に立ち会っていたときに、1人の日本人と出会います。あまり知られていませんが、この1つの出会いがザビエルに日本布教を決断させることになりました。彼の名をヤジローと言います（アンジローと記す文献もあります）。年齢は36～7歳、鹿児島生まれと言われています。彼は大変聡明な人物だったらしく、ザビエルは彼との出会いにいたく感激します。その感激を語るザビエルの手紙の1節を、みんなで読んでみましょう。

> もしすべての日本人がヤジローのように知的好奇心が強いのであれば、〈日本人は〉今までに発見された土地の中で、最も好奇心の強い国民であると私は思います。〈中略〉また彼は教会をしばしば訪れてお祈りし、私にたくさんの質問をしました。彼はとても知識欲に富んでおります。このことは人が大いに進歩し、わずかな期間で真の知識にいたるしるしであります。
>
> （1548年1月20日付ザビエル書簡）

ヤジローは大変好奇心の強い人物で、ザビエルも彼の人格を手放しで評価しているようです。しかも彼は極めて勤勉な人物で、その他のザビエルの手紙のなかでも、ヤジローのことは「非常に善い習性と勝れた才能を有する青年である」、「8カ月の間に彼はポルトガル語を完全に読み書き話すまでになった」と書いています（1549年1月12日付ザビエ

ル書簡)。また、ヤジローはキリスト教を受け入れるだろうか、というザビエルの質問に対し、ヤジローは次のように答えたといいます。

> 彼(ヤジロー)は、彼の土地の人々はすぐにはキリスト教徒にならないであろう、と答えました。〈中略〉(日本人は)最初に私(ザビエル)に多くの質問をして、私の答えの内容、私の理解力、そしてとくに私が話しているとおりに行動しているかどうか、検討するでしょう。〈中略〉彼らの質問について十分に話し、彼らを満足させるように答え、また私が非難されるようなことなく生活していたとしたら、半年間ほど私を試した後で、国王や身分のある人々、ほかにも思慮ある人々がキリスト教徒になるであろう、と。
>
> (1548年1月20日付ザビエル書簡)

このようなやりとりの末、ザビエルはすっかりヤジローのことが気に入ってしまい、もし日本人がすべてヤジローのような人物だったならば、アジアでの布教は飛躍的に進むだろうと確信するに至るのです。

それというのも、どうもこれまでのザビエルのアジア布教は、文化の壁に阻まれて、あまりうまく行っていなかったようなのです。たとえば、モルッカ諸島の人々についてのザビエルの評価は、次のような散々なものでした。

第6節 歴史・伝統・文化

> これらの島々の住民はとても野蛮で、裏切り行為に満ちている。彼らは黒というよりは黄褐色をしており、極めて恩知らずな人々である。当地方のある島々では、戦闘を行い、その最中に殺された場合、─その他の方法では不可であるが─相手に食べられてしまう。病気で人が死ぬと大宴会で食べるためにその手やかかとが提供される。この人々はとても野蛮である。
>
> （1546年5月10日付ザビエル書簡）

他の手紙でも「彼らは異教徒で、できるかぎり人を殺すことを至上の幸福としている。話では、殺すものがいないと、しばしば自分の息子や妻を殺す、という」と述べています。書かれている内容が事実かどうかは確認できませんが、どうもその内容には西洋人独特の偏見や誤伝も含まれているようです。そのような情報に振り回されて、うんざりしていたザビエルにとってヤジローとの出会いは、暗闇で一筋の光明を見出すような出来事だったようです。もしザビエルとヤジローが出会わなかったら、戦国時代の日本の歴史は、また違ったものになっていたかもしれません。

ザビエルは、ヤジローに連れられて、1549年に鹿児島に上陸しますが、現在、鹿児島市山下町のザビエル公園には、これを記念してザビエルとヤジローの銅像が建てられています。

(4) ヤジローのもう1つの顔

さて、こうした話に触れると、ヤジローも含めて、当時の日本人が他のアジアの人々に

比べて、いかに優れた潜在能力(ポテンシャル)を持っていたかを思い知らされるようで、私たちとしても、すこし誇らしいような、照れくさいような気持ちになってしまいます。そう考えるのは、まだ早いようです。歴史の勉強はちょっと待ってください。自分たちに都合の良い史料だけを並べて、結論を急ぐようなことは、あってはならないのです。

ザビエルにその人柄を絶賛されたヤジローですが、そもそも日本人である彼が、なぜマラッカなんかにいたのでしょうか？ じつはヤジローには、暗い過去がありました。彼自身が話したことを、スペイン人が代筆した手紙が残されています。そのなかでヤジローは、郷里の鹿児島を離れなければならなかった理由を、次のように記しています。

　　私が日本の私の土地（鹿児島）にいて異教徒（仏教徒）であったとき、私はある理由により人を殺害してしまいました。私は逃れるために、土地に存在する、修道士の某僧院（寺院）――当地の教会のような避難所――に身を隠しました。このころ、かの地（鹿児島）に取引に行っていたポルトガル人たちの船が１艘停泊していました。これらの人々の中に、アルヴァロ・ヴァスという者がおり、私は彼を以前から知っていました。彼は私の身に起こった出来事を知って、彼の土地へ来るつもりはないか、と尋ねましたので、私はそのように望んでいる、と言いました。

　　　　　（1548年11月28日付ヤジロー書簡）

なんと、彼は郷里で殺人を犯した、お尋ね者だったのです。それで海外逃亡の末、マラ

ッカまで流れ着いてきていたのです。ザビエルはモルッカ諸島の人々が殺し合いばかりしている野蛮な人々だと軽蔑していましたが、戦国時代の日本社会も、殺し合いの凄まじさでは負けていません。彼らは非常に高い自尊心（プライド）を持っており、それが少しでも傷つけられると、武士・農民を問わず、ためらいなく刀を抜く、物騒な性質を持っていました。もちろん、人殺しは原則的には許されないことではありましたが、家族を殺された者が殺害者に復讐することや、妻と浮気をした男を元の夫が殺害することは、堂々と社会的にも認められる行為でもありました。ヤジローも、そんな戦国時代を生きた日本人の1人であり、理由はわかりませんが、1人の人物を殺害した経験を持っていたのです。

ただ、戦国時代は、血で血を洗う復讐だけが世の中を支配していたわけではありません
でした。史料のなかで、殺人を犯したヤジローがお寺に身を隠している、という事実にも
注目しましょう。生々しい暴力が吹き荒れていた前近代社会では、日本に限らず、世界の
諸文明で寺院や教会などの宗教施設が、直接的な暴力からの避難所としての機能を持って
いました。これをアジール（聖域・避難所）といいます。まだ政治権力の治安維持能力が
弱く、むき出しの暴力が社会のなかに大きな位置を占めていた時代には、こうした慣習が
存在して、社会の秩序を形づくっていたんですね。ヤジローは、こうした慣習に助けられ
て、ザビエルに出会うことができたわけなのです。

(5) ヤジロー、海賊になる

ザビエルに愛されたヤジローには、かなり怪しげな過去があることが明らかになりました。とは言え、もちろん人を殺すことは決して許されることではありませんが、この一度

第1章　カルチャー　66

の過ちをもって、ヤジローをおとしめるのは、ちょっと一方的かもしれません。現にヤジローを高く評価する研究者のなかには、ヤジローは「殺人の罪に苦悩し、心の平安を求めていた」ために、キリスト教に入信したのだ、という意見もあります（そう記した史料は存在しませんが）。しかし、この後、ヤジローはザビエルの期待と信頼を決定的に裏切るような行動をとってしまいます。

鹿児島に上陸したザビエルは、1年あまりの滞在の後、日本の首都での布教をめざし、京都へ旅立ちます。このときザビエルは、鹿児島にヤジローを残し、鹿児島での信者の世話とさらなる布教を彼に委ねます。ところが、それからしばらくして、ヤジローが鹿児島から突然、姿を消してしまうのです。のちに宣教師のルイス・フロイス（1532～97年）という人物が書いた記録のなかに、その後、ヤジローがどうなったか、ということが書かれています。

　パウロ・デ・サンタ・フェ（ヤジロー）が最後にどのようになったかを知りたいと思うのも当然である。それは人知の及ばぬ、計り知れぬデウスの御裁きについて私たちの心に少なからぬ驚嘆と怪訝の念を生ぜしめずにはおかぬものがある。彼は〔既述のように〕その妻子や親族の者にキリシタンになるように勧め、そして事実彼らはキリシタンになったが、その数年後、〔彼は信仰を捨てたのか、キリシタンであることをやめたのか判明しないとはいえ〕、〔いずれにせよ〕異なった道をたどるに至った。というのは、かの薩摩国は非常に山地が多く、したがって、もともと貧困で食料品の補給を〔他国〕に頼っており、この困窮を免れるために、そこで人々は多

> 年にわたり八幡と称せられるある種の職業に従事している。すなわち人々はシナの沿岸とか諸地域へ強盗や掠奪を働きに出向くのであり、その目的で、大きくはないが能力に応じて多数の船を用意している。(したがって)目下のところ、パウロ(ヤジロー)は貧困に駆り立てられたためか、あるいは彼の同郷の者がかの地から携え帰った良い収穫とか財宝に心を動かされたためか(判らぬが)、これらの海賊の一船でシナに渡航した(ものと思われる)。そして聞くところによれば、そこで殺されたらしい。
>
> (ルイス・フロイス『日本史』第1部6章)

 驚くべきことに、ザビエルと別れた後、ヤジローは当時「バハン」と呼ばれていた海賊団に身を投じてしまっていたようです。ザビエルはモルッカ諸島の人々のことを「極めて恩知らずな人々である」と罵っていましたが、ヤジローの背信もそれに引けをとりません。しかも彼は海賊行為の果てに、自業自得ということなのでしょうか、最後は中国で殺されてしまったというのです。
 ただ、当時の日本社会で海賊になることは、そんなに悪辣なこととは考えられていなかったようで、彼らは一般的には武装貿易商人とでも言うべき存在だったようです。相手との交渉が円滑に進んでいるうちは「貿易商人」なのですが、交渉が決裂したときは武力に訴え、「海賊」行為におよぶ場合もある、というのが、当時の「海の上」の世界の一般的なあり方だったのです。
 しかも、フロイスも説明しているように、鹿児島は山がちで、作物にもあまり恵まれない土地柄でした。そんな場所で農作業に精を出すよりは、海の向こうに活路を見出してい

くという人々は、意外に多かったようです。ヤジローの転身にどんな事情があったのかはわかりませんが、それは当時の日本社会では、さほど過激な選択とはみなされないものだったのです。

ちなみに、ザビエルは京都の後、山口、豊後府内（大分市）に滞在し、1551年には鹿児島に戻ることなく、2年半滞在した日本を離れます。翌年、ザビエルは広東沖で病没しますが、同じ年にマラッカから日本に宛てた手紙のなかで、ヤジローによろしく伝えるようにと書かれていることが確認できます。皮肉なことに、死ぬまでザビエルは、自分が見込んだヤジローが真面目に鹿児島で布教活動をしていると思い込んでいたようです。

ヤジローについて、史料からわかることは、以上がすべてです。ザビエルから好奇心と勤勉さを賞賛された日本人が、他面では殺人の過去があり、その後もザビエルの信頼を裏切り、海賊になっていたという衝撃の事実が判明してしまいました。でも、これは1人、ヤジローだけの話ではないでしょう。そこかしこで殺人が行われ、また貧困を原因とする掠奪集団が闊歩していたのが、戦国社会の実態だったのです。おそらく、ヤジローは当時の一般的な日本人の1人に過ぎなかったのだと思います。

この節の最初のお話では、私たちの社会の治安の良さや職業意識の高さの「伝統」について触れましたが、それからすると、ここで見てきたヤジローたち、戦国時代の人々の行動は、とても私たちのご先祖さまとは思えないような実態を持っています。ここまで見てきた戦国時代の姿は、本当なのでしょうか？　また、それが事実であるとすれば、こうした意識や行動原理を持ったご先祖さまたちのなかから、いったい、どのようにして私たちのような職業倫理や治安意識をもった人たちが生まれてきたのでしょうか？　気になると

69　第6節　歴史・伝統・文化

ころではありませんか？

でも、残念です。その問題は、とてもこの場では語りつくすことはできません。ここから先は、皆さんもいっしょに考えてみてください。大学での歴史の勉強は、正解を「暗記する」ものではなく、正解に向けてたゆまぬ試行錯誤を繰り返し、「考える」作業なのです。

そうした作業を面白いと感じる皆さんとの新鮮な出会いを、楽しみにしています。では、こんどは教室か、どこかでお会いしましょう！

【参考文献】
海老沢有道『増訂 切支丹史の研究』新人物往来社、1971年。
岸野久『ザビエルの同伴者アンジロー』吉川弘文館、2001年。
清水克行『喧嘩両成敗の誕生』講談社、2006年。

第1章 カルチャー　70

第 2 章
コミュニケーション

1. 佐藤 健氏に聞く　東南アジアでの異文化コミュニケーションを通して
2. 多民族国家・多民族社会における異文化コミュニケーション
3. 六浦吾朗氏に聞く　学生時代から持ち続けた「海外で働く」ことへの夢
4. ビジネス実践英語
　～SOCEC（集中上級英語）プログラム：将来への礎～
5. 山﨑織江氏に聞く　留学と就職を通じて体験したドイツ文化の魅力
6. 「ドイツ語との出会い」をあなたの未来に活かすには

1 佐藤 健氏に聞く 東南アジアでの異文化コミュニケーションを通して

学生時代に学んだ「基本」

大学受験を考えていた時に、私は最初から商学部への進学を決めていました。なぜかというと、ほかの大学でも商学部を受けました。なぜかというと、マクロよりもミクロの学問のほうが面白いと思ったからです。逆のことを言う人が多いのですが、いまではそうではなくてマクロは後で学べたとも思います。

1・2年は、どちらかというとマクロ的な教養が多かったのですが、当時は3年から専門の領域に入っていきました。ゼミは、日本ではまだ数少ないマーケティングの著名教授であった清水晶先生の小売業マーケティングのゼミに入りました。ほかにも履修した専門科目はいまだに全部覚えていますね。マーケティング以外でも、それと関連した刀根武晴先生の「配給論」、野田稔先生の「経済政策」、春日井薫先生と小牧正道

先生の「金融論」、それと北島忠男先生の「証券市場論」。「保険学」の印南先生、「交通論」の麻生先生等々、全部いまだに覚えています。それらはいまの仕事にも役に立っています。基本的には考え方は変わってないのです。もしも商学部に入っていなかったら、どれも自分で基礎から学ばなければいけなかったと思うので、本当に良かったと思っています。

インドネシアへの転勤

卒業と同時に銀行に就職しましたが、1年で辞めて

佐藤　健氏
株式会社ネクスト 常勤監査役
オリックス株式会社 元専務執行役
ORIX USA Corporation 元会長
1969年 商学部卒業

第2章　コミュニケーション　72

大学院に進学しまして、その後、オリエント・リースに入社しまして、1975年にインドネシアで会社をつくってこいと命じられました。入社してまだ3年のことです。しかも、インドネシアでは英語は通じないのです。いきなり「行け」と言われて、辞令が出て2カ月か3カ月後ぐらいには行きましたから、いまでもインドネシア語は日常会話ぐらいならできますよ。

インドネシアには副社長として4年半駐在しました。当時はまだいまほどインフラが整っていなかったので、いろいろ苦労がありました。受話器を取ってもウンともスンとも言わない電話で、回線が取れるまで受話器を耳に当て続けていたり、飲み水は雨水を貯めてそれを沸かして使用していましたし、タクシーさえもない時代でした。それ以外の経済的な面でもまだこれからの時代でした。ですから、いまのインドネシアのほとんどの方々の初期の時代を知っています。当時は、皆さん若くて、あんなに大きな財閥に成長するとは思っていませんでした。それが、いまではインドネシアを牽引するグループにまで成長しています。卑近(ひきん)な例では、いま最も規模が大きく安全性の高いブルー

バードタクシーも、最初からお付き合いがありました。私の会社はインドネシアで最初のリース会社だったので、こうした方々が使ってくれたのです。おそらく、当時のオリックスの会社名（OBUL：オブールと言いました）は、ほとんどの経済界の人々が覚えていると思います。いまは社名変更されていますが（ORIF）それでも規模は大きいはずです。

フィリピンへ

1980年にいったん日本へ帰って社長室に戻りましたが、2年弱で今度はフィリピンに行きました。1982年から85年の3年半、フィリピンに駐在しましたが、83年の8月21日にはニノイ・アキノ氏の暗殺事件が起き、内政は混乱して、国が崩壊状態になったのです。日本からの進出企業の多くも、極めて厳しい局面に立たされました。

インドネシアとフィリピンでは、日本人に対する見方や感情が少し違います。インドネシアは、1945年以降の独立運動で敗戦後も残留していた日本軍の兵隊がインドネシア軍と一緒に戦って、オランダ軍をとにかく排除して1949年に独立を勝ち取った。そう

第1節　佐藤 健氏に聞く　東南アジアでの異文化コミュニケーションを通して

いう意味で、インドネシアは日本に好意的なところもあるのです。

一方、フィリピンは、戦時中ルソン島だけでも、地元の人、日本人居住者、日本兵を含めて、数十万人と言われる非常に多くの人が亡くなっています。しかも、日本軍はアメリカ軍と違って、食料を地元で調達していたのです。アメリカではパックされた食料を全兵隊に配給したのですが、日本軍はそれを出さなかった。ですから地元から半ば強奪するしかなかったので、印象が悪かったはずです。

ですが、私が赴任したときは、フィリピンの人々はとても人当たりが良かったのです。これはフィリピン人のホスピタリティーで、いまでも彼らは日本で「介護士」になりたいと言いますね。インドネシア人もフィリピン人も多くが日本の介護試験を受けにやって来る。ところが、日本政府の考え方が人を見るより知識だけに日本語の難しい試験で落ちてしまうのです。インドネシア、フィリピンというのは、ホスピタリティーという意味では非常に良く似ています。両国ともマレー系で似ているのですが、特にフィリピンはそういう側面が顕著だと思います。

東南アジアの中国人

東南アジアの国々はさまざまな歴史的背景から複雑な多民族社会を構成しています。特にインドネシアでは、わずか数パーセントの中国系住民がインドネシア経済のほぼ全体を動かしていると言ってもよいくらいです。残念ながら、元々のインドネシア人（プリブミ）と中国系住民の対立というのは、東南アジアでは一番強いと言えるでしょう。たとえば、1997年にタイバーツの暴落があって、そのちょうど1年後の98年に、インドネシアルピアも大暴落しました。経済が混乱状態に陥ったそうした時に、インドネシア人がトラックに乗って中国系が住んでいる居住地域に、大挙して押しかけ、暴挙を繰り広げました。これからはもう起きるとは思えませんが、こうしたことは、あまり世間に知られていません。

これからの投資には、こうしたそれぞれの国の状況を踏まえたうえで、慎重に行うべきだと思います。また、シャドーバンキングの規模も大きいせいかインドネシア国内に富が還元されず、経済がうまく回らず、

私はオリックスで海外駐在期間を除き80年代の初めから国際部門に深く関わって、東南アジアをぐるぐる回るようになりましたが、日本が関わるものは全部、いまは大きく成長できる素地ができつつありますから、今後が楽しみでもあります。

近隣国であるマレーシアの場合は、マレー人であるマハティールという首相がいて、中国系がつくった会社でも合弁でも、比率を決めてマレー人を中心としたブミプトラを雇いなさい、ということになっています（ブミプトラ政策）。その人種構成比率を決めても、やはり中国系が経済を握っているのが現状です。

東南アジアは日本をどう見ているのか

日本の技術力に対する評価は、1960年代〜80年代では非常に高かったですし、日本からの技術供与という面も高く評価されていました。いまでも日本のブランドの評価は高いです。企業ブランドもそうですし、要するにメイドインジャパンという製品に対する憧れとか信頼度は高く、中国があれだけ電化製品をつくっても、いまだに日本に来た中国人が日本製品を買ってくれるわけです。日本に対する見方というのは反日感情からくるものを除いて変わりないと思います。ところが1つ違うのは、金融関係の人です。

たとえば、IPO（Initial Public Offering）といって、いわゆる新規上場する株とか、あるいは債券というものを、こぞって買ったということがありました。ところが、最近になって、ここ5〜6年、そういうインベスターを回ると、非常に懐疑的になっている。しかも、我々が話していることをよく聞こうとしない。態度も以前とは全然違っています。

それは日本がこれだけ長期間経済が沈滞して、彼らにロスも与えたから魅力的な市場と考えなくなったのでしょうが、香港でも、シンガポールでも、マレーシアでも、オーストラリアでも、インベスターの態度は以前とはかなり違ったものに見えます。非常に残念なことです。経済力から見て日本の地位が随分落ちてきているのは事実だし、彼らにとって魅力の薄いマーケットになったのだと思います。以前は、こうしたことは全くなかったのです。態度が全然違うこれは本当にびっくりしました。ただし、日本という国に対する信頼性がなくなったということではないと思い

ます。「マーケットが悪いいまの日本に、そんな投資ができるか」という態度の問題に過ぎず、国のトータルの評価という点では、まだ高いと思います。また、アベノミクスにより、外国からの投資が増えつつあるのは喜ばしいことだと思います。

めざせ「グローバル人材」!!

さて、日本ではいま「グローバル人材」という言葉がよく使われていますが、この点に関して自分の経験を踏まえて、一言、若い人たちに言いたいことは、やはり「コミュニケーション能力」という意味で、語学はしっかりと習得してもらいたい、そしてできるだけ留学をしてもらいたいということです。留学は、在学中でも卒業してからでも構いません。とにかく何らかの形で留学をしてもらいたい。いま、留学する若者の数がものすごく減っているというのが信じられないのです。世界から日本を見れば、自ずと自分の道も見えてくると思ってください。

私はアメリカが一番長くて8年間、次に長いのがオーストラリアの6年間ですが、外国にいることによって、日本を本当に良く見、観察することができました。

日本を外から見ることができるということは、日本と世界の違いがわかるということです。コミュニケーション手段は、もちろん英語でなくても良いのです。他の国の言語で他の国の人たちといろいろ仲良くなれる。これは、日本にとってものすごく重要なことです。そういうことのできる人が少なくなりつつあります。その一方で、韓国や中国ではそうした若者の数が大変多いのです。私がアメリカにいた8年間のあいだでも、日本からの留学生がどんどん減っていくのが信じられなかったです。いまの日本のビジネスのトップの人たちは、こうした傾向に危機感を持っていると思います。

私の場合は、海外に出ようと思って出たわけではなくて、たまたま出されたわけですけれども、それでも外国へ出て、インドネシアに行っただけで、日本が見えましたからね。日本よりも当時はいろんな意味で未熟な国であったにもかかわらず、いまから思うと、文化とか教養とか経済成長度が高いとか低いとかいうのは、海外経験を積むという意味ではあまり関係ないのではないかと思います。とにかく外国へ出れば、その国の良さがわかる。どんな国でも、どんな場所でも、そこに住めばそこが良くなるし、理解できるし、日本

もよく見えてくる。「住めば都」というのは本当だと思います。

学生の皆さんのなかには、英語ができないからという人もいっぱいいると思いますが、そうじゃなくて、海外に出れば言葉も何とかなるものです。私も最初の赴任地インドネシアではそうでした。いまはインターネットサイトで見れば辞書もいっぱいありますが、当時はインドネシア語のろくな辞書もなかった。行って覚えるしかなかったのです。それと同じですよ。それでも何とかできるのです。インドネシア語が読めて、書けて（正直に言って、私は書くのはあまりできなかったんですが）、そして聞けて、話せるようになりました。それは英語だって同じです。「英語ができないから留学は無理だ」ということはないのです。ただ万国共通語として英語を勉強すれば、もっと世界は広がると思います。

そして、自分の将来やりたいことを描いて、目標としてください。日本だけが自分の住む世界でなく、他の国も含めた活躍の場所がこれからの自分の住む世界だと考えてください。そうして描いた目標には必ず到達できるはずです。皆さん1人ひとりのご活躍が世界を動かすことにもなるということを信じてください。

2 多民族国家・多民族社会における異文化コミュニケーション

●写真1　クアラルンプールチャイナタウンの店舗の看板●

(1) 多民族社会へと向かう日本

上の写真1はマレーシアの首都クアラルンプールのチャイナタウン（中国人街）の一角にあるごく普通の店舗の看板です。このように複数の言語で書かれた看板は、多民族社会の言語状況を最も象徴的に表しています。したがって、私が担当する「アジア史」の講義の際に、東南アジア世界への導入として、その言語状況を説明するうえで、重要な教材でした。過去形で表現した理由は、現在日本国内でも、首都圏だけでなく、地方都市でもすでに同じような状況になりつつあるからです。したがって、平成生まれの現在の大学生にとっては、このような写真では新鮮な驚きを呼び起こさない、ごく見慣れた教材になってしまいました。まして近年、来日外国人の増加により、このような言語表示の状況はさらに日常的になっています。日本国内にいわゆる「外国人労働者」や留学生が急増したのは、1980年代の後半以降ですから、すでに30年あまり経過し、日本が急速に多民族社会化していることは、コンビニエンスストアやチェーン形態の居酒屋へ行けば、すぐにわかります。学生たちも日々の生活やア

鳥居　高

第2章　コミュニケーション

● 写真2　シンガポール旧紙幣 ●

ルバイトの職場で痛感していることでしょう。

しかし、こうした教材を見る際に重要な点は多言語を使用する状況へと変化したことではなく、言語がどのような順番で使用されているかを考えることでしょう。一例として、多民族国家シンガポールの紙幣の国名表記をあげてみましょう（写真2）。シンガポールは中国系住民が約74％、マレー系住民が13％、インド系が9％という3つのグループからなる多民族国家です。この人口構成から考えれば、中国語表記が筆頭に位置してよいはずですが、実際には、写真のように英語による大きな表記の下にマレー系住民のマレー語、すべてのグループに共通な英語、そして中国語、最後に少数派のインド系住民のタミール語となっています。この順番に多民族社会を考える鍵があると考えています。

(2) 多民族社会のモデル

多民族で国民が構成されていることよりも、その構造が重要な意味を持っています。多民族国家という言葉から、皆さんが思い浮かべる社会構造のイメージはそれぞれに違うのではないでしょうか。たとえば、路上をいろいろな民族の人々が「入り交じって歩く」イメージの多民族国家・社会があります。アメリカやオーストラリア、香港などの街角の写真を思い浮かべてみればよいでしょう。あるいは、東南アジア各国政府の観光促進パンフレットによく見られる、多民族が「笑顔」で混じりあいながら並んでいるイメージです。

その一方で、社会全体は多民族で構成されている、という点では同じであっても、お互いの民族の生活空間が異なっていたり、互いの接触が職場や学校、物を買う市場など、ごく限られた空間でしかない多民族国家もあります。こうした社会のことを、かつてファー

ニバルという学者は「複合社会」と名付けました。確かに、東南アジアの国々は、独立以降の初等教育の普及などにより、国の言葉「国語（National Language）」という社会の共通のプラットホームが築かれ、少しずつ社会構造と民族間関係は変化しています。国語以外にも、国旗、国歌、国全体の象徴（たとえば、国王など）が浸透・定着していくなかで、「わたしたちは同じ○○国民だ」という意識が醸成されつつありますし、あるいはそうしたフィクションの上に生活しています。

しかし、私自身が長年付き合っているマレーシアやシンガポールなどを見ていると、まだまだ「複合社会」という基本的な性格から抜け切れてはいないと感じることが多いのが現状です。その原因の1つとして、民族という社会集団を構成している要素のなかに、言語だけでなく宗教という要素が入ってくることが考えられます。特にマレーシアやシンガポール、インドネシアなど東南アジア11カ国の総人口の約半分はムスリムが占めており、インドネシアの場合8割以上がムスリムです。イスラームという宗教は信仰（教え）であると同時に生活規範になっていることから、宗教に即して生活しようと考えれば、自ずと生活規範や生活習慣は、ムスリムではない者との間に「距離」（対立ではない）が生まれることを意味します。お互いの生活圏を尊重しているかぎりにおいては、その社会は安定し、平穏でしょう。しかし、ひとたび、その生活圏に足を踏み入れたり、深く混じり合ったりすると、そこには軋轢や、場合によっては紛争が生じます。特に1970年代半ば以降、島嶼部東南アジアでもイスラームの教えを厳格に守る、という運動が活発になり、いまもその傾向は強まっています。加えて、民族間に経済格差や生活水準の違い、というものが大きくなれば、前節で佐藤健さんがおっしゃっているように対立は深まってきます。

第2章　コミュニケーション　80

●写真4　旧正月明けの御祝いのパーティ会場●　　●写真3　断食明け祭りの飾り売り●

(3) 閉じられた空間での情報「確認」

確かに国語という共通のプラットホームがあり、職場や学校で多民族が混じり合うことはあります。特にそれぞれの社会集団特有のお祝い行事は重要な機会です。たとえば、**写真3**のムスリムの断食明け祭り（ラマダーン〈断食月〉と呼ばれるイスラーム暦の9番目の1カ月を無事に過ごしたお祝い）や、**写真4**の中国系住民の旧正月のお祝いなどが挙げられます。お互いの家を訪問し、お祝いの言葉を述べたり、プレゼントを贈ります。こうした行為は間接的ですが、お互いが相手の文化への尊重の念を確認することになるため、極めて重要です。ちなみに、マレーシアでは、こうした行事をオープンハウスと呼び、違う民族集団の間でお互いの家を訪問し、ともに食事をしたり、お菓子やコーヒー・紅茶などを囲んでひとときを過ごします。その光景（**写真5**）を見ていると「私たちは皆さんの信仰や習慣を尊重していますよ」という無言のメッセージを交換しているように見えます。

しかし、日常生活のなかではどうでしょうか？　多くの場合、同じ民族グループで集まることのほうが多いと思います。マレーシアの大学のキャンパスで学生を見ていても、やはり同じ民族で集まって行動している光景が目に入ってきます。こうした状況は、結果的に「情報の共有」がしばしば、ある特定の社会集団のなかで閉じられてしまうことになります。試しに、ムスリムが集まるモスク（イスラーム寺院）のお祈りの後の集会に立ち寄らせてもらった際に見聞きした光景（**写真6**）は、忘れることができません。その際に「○○人たちは…」と、他の社会集団を酷評する言葉のやり

●写真6　マレー人の村の寄合●

●写真5　オープンハウスの記念写真（マレー人と中国人家族）●

とりが続きました。こうした話は、閉じられた空間でのみ、回流して、その空間を出て行くことはまれです。

(4) 外部世界の人間は「接着剤」になりうるか？

次に、こうした複数の独立した社会集団と生活空間を持つグループからなる社会で、全くの外部世界から来た人間、たとえば日本人はどのようにこれらの集団と接することができるのでしょうか。

期待される1つの方向性は、異民族間の「接着剤」としての役割でしょう。生活空間が異なる複数のグループの間に入って、双方の価値観や生活習慣を尊重しながら、仲介を果たす役割です。実際に、マレーシアやシンガポールでハラール（ムスリムが利用することが許されている行為）食品を提供する中華レストランなどでは、ムスリムとそうでない人との間に日本人ビジネスパーソンが混じって食事する光景をまれに見かけました。このような日本人の役割は東南アジアの多民族社会のなかでの理想的な姿でしょう。

しかし、実際には「接着剤」の役割が果たせていないのが実情です。それには、いくつかの理由が考えられます。たとえば、食生活の違い、特にビジネスパーソンが終業後に同僚と飲酒を共にする習慣の有無などです。いわゆる、日本の「飲みニケーション」という習慣がない人々にとって、「仕事帰りに会社の同僚と一杯」という形での情報共有関係は成立しません。あるいは、言語の問題も考えられます。日本人は英語を用いても、マレー人のマレー語やインド人のタミール語を用いようとはしません

第2章　コミュニケーション　82

（この意味で、独学でインドネシア語を習得された佐藤さんは皆さんのモデルになる方です）。また、ある種の思い込みもあると思います。「○○民族は…」という思い込みや先入観からくる問題などがあります。

特定の集団に特定の情報が閉ざされた形で「こもった」状態では、外来の人々が接する情報もまた、自分たちが接する特定の社会集団からのみ収集することになります。つまり、情報収集に当たって、同じ社会集団に属する他のメンバーからのみ聞くことになり、情報収集のはずが、情報「確認」に終わってしまうことになります。自分がAさんから聞いた情報を、同じ社会集団に属するBさんから再度聞くことによって、「やはり、そうなんだ」と確認で終わってしまうことになるでしょう。たとえば、ある民族の行動様式について「マレー人というのはね…」という会話を同じ日本人の間で繰り返すことでは、情報確認で終わってしまい、これでは異文化への理解は進みません。

私がマレーシアという多民族社会で体験した、社会集団で「閉ざされた情報」の一例を話してみましょう。

マレーシアは1980年代今日まで、次の2つの意味で極めて日本人や日本社会と深いつながりを持ってきた国です。1つは、1981年に首相に就任したマハティール・モハマド元首相がルック・イースト政策（Look East Policy）を提唱したことです。マレーシアが経済発展を達成するために自国民に「日本を含む東アジアの国々や人々から学ぼう」として、日本人が有する勤勉さや労働倫理をモデルとして位置づけてきました。つまり、マレーシア国民にとって、日本人や日本企業は尊敬すべき対象と位置づけられてきたことになります。もう1つが、1985年のプラザ合意以降、日本企業が大挙してマレ

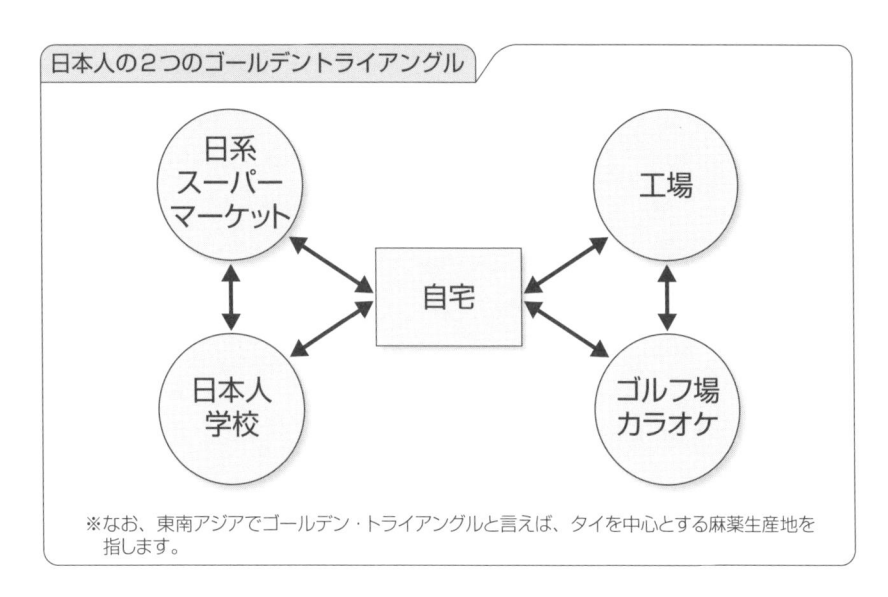

日本人の2つのゴールデントライアングル

```
日系スーパーマーケット ⇔ 自宅 ⇔ 工場
日本人学校       ⇔ 自宅 ⇔ ゴルフ場カラオケ
```

※なお、東南アジアでゴールデン・トライアングルと言えば、タイを中心とする麻薬生産地を指します。

ーシアに進出し、マレーシア経済に占めるプレゼンスが非常に高くなってきたことです。マレーシア社会にとって、特に1980年代後半から10年あまりの期間では、日本人や日本企業が特別な存在でした。

このような状況の下で私が出会ったマレー人は、ある日こんなことを話してくれました。「僕は日本を代表する電機メーカーのマレーシアの子会社で約20年勤務している。しかし、最近の日本人を尊敬することができない。自分が若かった頃は製造ラインで機械から異音が発生した場合、日本から派遣されてきた技術者はすぐにラインにおりてきて、たちどころにラインの異常の原因を見つけて、解決してくれた。しかし、いま日本から派遣されてきた若い日本人はそんなことはできない。彼らは、首都クアラルンプールで〈自宅〉↔〈工場〉↔〈ゴルフ場かカラオケ〉というゴールデン・トライアングルを行き来するだけだ。また僕の日本人の同僚の奥さんたちは〈自宅〉↔〈日本人学校〉↔〈日系スーパーマーケット〉というもう1つのゴールデントライアングルを歩いているだけだ」。

痛烈な日本人に対するコメントでした。最後に、「こんな話は日本人にはしていない。彼らは英語がよく通じる中国系従業員と好んで話し、また食事をするだけだ…」とも話していました。先に述べた日本人と日本企業を発展のモデルとしたマハティール首相と一般市

民との大きなギャップを痛感しました。しかし、マレー系の従業員の間では、換言すれば「閉ざされた空間」のなかでは、同じ話が繰り返し回流しているそうです。こうして、マレー人社会のなかには「批判的な日本人像とその話」が再生産され、それが他の民族集団と共有されることは少ないでしょう。逆に日本人社会では情報の交流を持たない民族に対しては、同じように「マレー人は…」というように批判が繰り返されていくことを意味します。

(5) 2つの第一歩

異文化コミュニケーションと一言で言っても、その文化がどのように社会に存在しているかによって、大きな違いが出てきます。多民族社会では、その社会構造によって民族間の関係が大きく異なっているからです。

多民族社会における異文化コミュニケーションでは、複数の民族集団、それぞれに対する関心やその文化や価値観への尊敬が必要であると私は考えています。では、複数の他の文化への関心や尊敬を、どのように相手側に発信することができるのでしょうか。

ここではその第一歩として、2つの具体例を提案したいと思います。第一は、名前の呼び方にあると考えています。そもそも名前は、その構造や名前が持つ意味、命名方法などにそれぞれの民族・宗教や歴史が凝集されています。名前の構造を理解することによって、社会構造も価値観も見えてくるでしょう。

次は、ある日のムスリムの友人との会話です。彼曰く「フセイン大統領とは誰か？」と話しかけたところ、「イラクの故フセイン大統領だけれど…」と聞き返すではないですか。

こんな知識人がフセイン大統領を知らないはずはない、という思いが頭をぐるぐるとめぐって、「だから、アメリカ軍に捕まって…」と彼に説明を重ねる過程で、「あ、しまった」と気がつきました。「イラクのサダム・フセイン大統領は」と言い直して、はじめて彼との会話が再開されたのです。ムスリムでは姓を持たず、父親の名前で区別される、という基本ルールをつい忘れてしまった事例です。

また、時には名前によって、出身地や祖先までも推測することができます。「君、この名前だと、北部のこの州出身だよね」と話しかけたときの、マレーシア政府の担当官の驚愕した顔をいまでも忘れられません。こうした正しい知識の上に、相手の名前を正しく呼び、使うこと。これが異文化への接し方の第一歩であると考えています。この話に共感された方は、大岩川嫩・松本脩作編集『第三世界の姓名』（明石書店）を図書館で手にとってみてください。世界のなかのさまざまな姓名の特徴が見えてくると思います。

異文化理解の入り口のもう１つの例としては、暦に関する正しい知識と関心だと思います。世界には日本人が使っている以外にさまざまな暦が存在しています。イスラーム世界のヒジュラ暦、農暦（旧暦）、さらには仏暦（タイ）などです。それぞれの暦には、１年の始まりと終わりがあり、そこにはお祝い事が存在しています。人々は１年という歳月を、繰り返しながら年を重ねています。したがって、暦を学び、また留学などを通じて１年を経験することによって、異文化で暮らす人々が、どんなときに喜びを誰と、どのように過ごすのか、また年の初めをどのようにお祝いし、喜び、悲しむのかを知ることができます。日本人の多くが12月31日の大晦日をどのような気持ちで迎えるのか、そして翌日にどんな気持ちで神社などへ初詣でに向かうのかを外国人に知ってもらうことが、日

第２章　コミュニケーション　86

本人や日本文化の理解につながることと同じです。「暦を知る」ということは、その暦で暮らす人々の価値観や考え方を理解することにつながるからです。すなわち、暦を正しく知ることができれば、人々の営みの基本を知ることにつながるのです。

さあ、まず異文化世界からやってきたキャンパスのなかの友人の名前を正しく呼び、そして彼らの1年の営みに目を向けてみましょう。そこから異文化への関心が高まり、理解が始まります。

六浦吾朗氏に聞く
学生時代から持ち続けた「海外で働く」ことへの夢

海外で働く夢

　学生時代から国際志向が非常に強く、大学1年の頃から「将来は絶対に海外に出て働くぞ」という思いがありました。海外に行って活躍するには、やはり語学が必要だということは自覚していましたが、受験が終わって、大学に入っても、全く話せない。昔はいまのように実践的な外国語教育の機会が十分ではなかったし、そもそも外国人と話したことがない。これではいけないと思い、大学入学と同時に英会話を勉強するために、御茶ノ水のアテネ・フランセという語学学校に通い始めました。そこを選んだ理由は大学に近かったこと、そして、フランス政府の助成金があるために学費が安かったからです。結局そこで大学に通学するのと同じ4年間勉強をして、難関のDiplomaを取得しました。海外経験と言えば在学中に2回、私費で短期留学をし、語学力の向上と異文化理解に努めました。

　このように在学中は将来国際社会で活躍する際に必要不可欠な英語力に磨きをかけることに集中しました。そして4年次の就職活動の際に私がこだわったポイントは、会社に入って海外で働けるチャンスがあるかないか、それだけだったのです。国際ビジネス志向ということで商社というのも当然すぐ頭に浮かびはしましたが、結局、「エネルギー」に決めました。日本はエネルギー資源を輸入して、それで貿易立国として成り立っているのであって、エネルギーに関する仕事であれば、より海外性が強いのではない

六浦吾朗氏
米州開発銀行 勤務
1983年 商学部卒業

第2章　コミュニケーション　88

か、国際社会で活躍できるチャンスが大きいのではないかという発想でした。

最初に就職した先は、元通商産業省の特殊法人であった石油公団（現：独立行政法人石油・天然ガス金属鉱物資源機構、JOGMEC）でした。そこには石油の備蓄と開発の2つの部門があり、石油開発部門であれば海外との接点が主な業務ですので、海外で活躍する機会が大きいと考えました。

「3度目の正直」で夢叶う

入社5年目くらいでしょうか。それまで石油備蓄および経理の仕事に従事し、海外とは縁がなかったので、だんだん自分のなかでこれは違うのではないかとの思いが強まっていきました。そして、「もし海外で働くチャンスがなければ、アメリカの経営大学院（MBA）で

●パラグアイの算数教育の教材制作現場●

勉強したいので、少なくとも休職させてほしい」と伝えました。そのときの上司が非常に理解のある方で「わかった。そこまで決心したのであれば社内で掛け合ってみるから、とりあえず待ってくれ」と言われ、幸いにも会社派遣で海外留学が認められることになり、アメリカ東部のピッツバーグ大学のMBAで国際ファイナンスを勉強することになったのです。ただし、留学はそんなに甘くはありませんでした。特に最初の1年間はとにかく授業のスピードについていくのに必死で、会社派遣で失敗は許されないプレッシャーもあり、キャンパスライフをエンジョイする暇は全くありませんでした。毎日図書館に深夜までかじりついていた記憶があります。2年目になってようやく余裕もでき、留学生、特に中南米から勉強にきていた学生たちと交流を深め、大変有意義な時を過ごすことができました。

帰国後は、会社に復帰し、資金部で石油開発のプロジェクトファイナンスを担当しました。MBAで学んだ国際財務の知識が活用できましたが、海外に出ることはなく、せっかくMBAを取得したのに出番が回ってこないことに忸怩たる思いが募っていきました。そうこうするうちにビザ・インターナショナルという、

いわゆるVISAカードを扱っているアジアパシフィックの本部から「国際財務の専門家を求めているので来ないか」というお誘いがあり、そちらに移る決心をしました。オフィスでのやりとりはすべて英語で、MBAでの経験も活かせます。ただし、仕事の拠点は依然として日本でした。

しかし、それから3年ほどたったある日突然、ワシントンDCから電話がかかってきました。それは、以前に履歴書を提出してあった国際機関で「空席が出たので面接に来れないか」という内容でした。それは、いま勤めているIDB（米州開発銀行）グループの民間部門を扱うIIC（米州投資公社）からで、私にとってはチャンスでした。しかし、そのままVISAに残れば、キャリアアップが積めるだろうということがある程度見えてきた時期だったので、決断には多少時間がかかりました。しかも結婚して間もない時期でしたので、妻が海外生活に順応してくれるかどうかの不安もありました。ですから、それらのリスクを全部納得して海外に行くのには正直、勇気が必要でした。それでも踏みきった最大の要因は、やはり学生時代から持ち続けた夢、「国際社会で活躍したい」との自分のロマンでしょうか。

英語ではない英語

住まいはワシントンDC郊外で、現在は技術供与プログラムを活用した社会経済開発支援の仕事で頻繁にラテンアメリカへ出張に出かけています。日本政府は従来よりIDBに設立された日本信託基金を通じて非常に大きな技術供与資金を拠出しており、その資金を通じた貧困削減のための案件発掘・管理が私のメインの仕事です。ラテンアメリカ圏で働く際の大きな特徴は、第一言語が英語ではないということです。つまり、スペイン語とか、ポルトガル語とか、英語以外でのコミュニケーションが必要になるわけです。ただし、カリブ圏になると英語を使った仕事がメインになります。

しかし、自信のあった英語でもしばしば苦労しました。自分の担当区域が当初英語圏であるカリブ諸国になったにもかかわらず、そこで使われる英語は自分がそれまで話したことのある、または聞いたことのある英語なのです。たとえばジャマイカの英語とは全然違う英語なのです。ジャマイカ訛りというか、話し方

第2章　コミュニケーション　90

が独特なので慣れるまでにしばらく時間が必要でした。石油開発プロジェクトが滞り、財務のリスケジュールを協議するために、アメリカ人の上司とトリニダード・トバゴに出張したことがあります。難しい案件を扱ったミーティングで議論が白熱すると、独特の訛りとか話し方がワーッと出てきました。話し方も速く、ほとんど英語ではないように聞こえるのです。これには本当に参りました。会議の後で、上司に「すみません、あの英語よくわかりませんでした」と正直に言うと、彼も「心配するな。私も良くわからなかった」（笑）。このような状況だったので、会議の後は必ずメールで先方と論点を確認し合ったものでした。昔はちょっと遠慮がありましたが、いまではそういう状況になったら、その場ではっきりとわからない旨の意思表示をして、きちんと確認していくような流れをつくっています。

ブラジルの恐るべき多様性

ラテンアメリカの各国にはそれぞれの文化の違いがありますが、特にブラジルで際立っているのはその多様性です。言葉もそうですし、人々もそうです。また、個性

食べ物もそうですし、ビジネスのやり方もさまざまで多様性というのが大きな文化ではないかと思います。日本は単一民族でモノカルチャーというか、1つの民族でかたまったところがあります。それと対極的なところがラテンアメリカで、そのなかでも最も多様性を持った国がブラジルなのです。ですから、考え方も違いますし、同じブラジルのなかでも地域によっていろいろな違いがあります。

アメリカも移民の国ですから、もちろんそういった多様性はあります。でもアメリカの場合は、アングロサクソン的な視点で多様性を統一しようと、いろいろな規則をつくるわけです。ある程度その規則のなかで動こうとするので、その規則がわかってしまえば日本人でもどう順応すればよいのか何となくわかるような世界なのですが、ブラジルの場合はそうはいきませんね。個性

●ブラジルのアフロ系女性支援プロジェクト●

をすごく尊重するところがあり、会議を行っている際に、日本の場合ですと、全く違う発言をしたり、すごく良い内容でも発言のタイミングを間違ったりすれば「あいつは全然空気が読めない」と批判されがちです。

しかし、ブラジルの場合では、各自が会議の流れに関係なく自分の主張をしますので、このような状況ではその意見をとるかとらないかは別として、しっかりと対応しないといけません。「おまえの意見は全然このミーティングの趣旨と違うことなので発言しないでくれ」なんて言ったら大変なことになってしまいます。

日本はどう見られているのか

一般的によく聞く話は、日本人はとにかくビジネスにおいて意思決定のスピードが遅いということです。決断するまでに非常に多くの時間を費やしてしまい、グローバル化に後れを取ってしまうということです。逆に言えば、日本人はそれだけリスクを分析して総合的な判断をしているのだと思いますが、そのために企業のダイナミックさがなくなってしまった、ということをよく聞きます。

たとえば、ブラジルに進出している外国企業ですと、これをやろうといったら一気呵成にそこに向かって突き進む。多少のリスクがあっても責任を持って、お互いダイナミックな仕事ができるわけです。しかし日本の場合はいったんそれを引き受けて、それを審査するのに大変な時間がかかる。IT技術が進んで迅速な決断が求められるいまのグローバルビジネス社会のなかでは、これでは取り残されてしまいかねません。

特にラテンアメリカでは、失われた10年と言われた経済不況の1980年代に、日本の企業、特に銀行をはじめとしたファイナンシャルセクターは大きな痛手を被りました。そのためいまの低成長期においては、昔のようにリスクを取りにくいというビジネス環境があるかと思います。ただし、日本は依然としてものすごく高い技術力を持っています。その点に関して、日本企業に対するブラジルの期待感というのは、他国の企業に対するのとは比較にならないくらい大きいのです。ですから、それを何とかうまくビジネス化して、お互いが協調し合う場面ができれば良いと思っています。

第2章　コミュニケーション　92

学生へのメッセージ

いま、グローバル化という時代を迎えています。そればビジネスだけではなくて実社会においてもグローバル化というのは、将来もっと多くの局面で広がっていくものと思います。ですから、そういったものをしっかり共有または発信できるような素養を身につけてほしいと思います。そのためにも、1人でも多くの若い方々に海外、特に日系人の方々が数多く活躍されているラテンアメリカにどんどん出ていってもらって、そこでの文化の違いを吸収し、それを自分の人生に役立ててもらいたいと思います。

短期の留学でもかまいません。どんなことでもよいですが、要は違いを肌で感じるということです。そのためには語学能力も必要ですし、また、何を学ぶかといったビジョンというのも必要です。単に行くだけではなくて、そこで何をやるのかという明確な目的をできるだけ早い時期から準備してもらいたいと思います。お金に関して言えば、当然アルバイトで稼ぐとか、若い頃から貯金をすることに努めること、また国や大学の奨学金を最大限活用することを考えるべきでしょう。語学に関して言えば、自分がしっかりと問題意識を持って、どの程度までキャパシティを高めるかということを意識しながら継続していくことが必要だと思います。

これだけの少子化の時代を迎えると、いずれはもっと大胆な移民政策が必要になってくると思います。日本に居ながらにして、日本の学生は海外の学生と就職活動で競い合うというような状況になる日もいつかはやってくるでしょう。このような急速に国際化するボーダーレス社会において、1人でも多くの若者に海外に出てほしいと願います。さらに言えば、日本の企業にとどまらず、国際機関で頑張るような志を持ってほしいのです。そのためには、自分の5年後の目標をしっかりとつくってほしいと思います。1年後、2年後ではなくて、5年後に自分は何をしていたいのか。そのためにはどうすればいいかということ、つまりは人生の羅針盤をしっかりと準備して、それを目標に頑張ってもらいたい。私の希望としては、国際社会で頑張るような人生の羅針盤をつくってほしいですね。人生は1回きりですので、皆さんには世界を股にかけて思い切りグローバルに活躍してもらいたいのです。

ビジネス実践英語
～SOCEC（集中上級英語）プログラム：将来への礎～

Brian G. Rubrecht
（執筆）

石黒太郎
（和訳）

SOCEC : Foundation for the Future

The School of Commerce at Meiji University is proud to provide students the opportunity to increase and expand their English abilities through the plethora of courses offered. Of these courses, of particular interest is the School of Commerce English Concentration (SOCEC) program. Only a select number of incoming freshmen (around 20) are admitted to the program each year. Candidates to the program must be able to demonstrate an already fairly high level of English proficiency, high and sustained moti-

SOCEC：将来への礎（いしずえ）

明治大学商学部は数多くの授業を開講し、英語の4技能を高め、またその技能を広げる機会を学生に対して提供しています。そういった英語の授業のなかでも特に興味深いのが、商学部英語重点（the School of Commerce English Concentration ＝ SOCEC［ソーセック］）プログラムです。毎年、新入生のなかでこのプログラムの履修を認められるのは20人前後のみです。プログラムの履修を認められるためには、入学時点ですでにかなり高い英語の運用能力を有していること、英語を学ぶ意識が高く、それを在学

第2章 コミュニケーション　94

vation, and a desire to further stretch their knowledge of English. As participants in the program, SOCEC students must enroll in SOCEC classes, which are classes held twice a week for freshmen and sophomores, as well as earn credits from other English and communication courses.

As the SOCEC program coordinator and the instructor of the freshmen SOCEC classes, I am keenly aware of and constantly keep in mind two distinct but related areas that influence the students' learning as they work toward success both at university and beyond. The first area is of course the English content taught to the students. For the freshmen SOCEC classes, I use a textbook series that aims to instruct students in the fundamentals of commerce. Through this textbook series, students engage in content-based learning where they learn not only commerce terms and ideas (some of which are new to them, even in Japanese) but also ways to apply what they have learned so that they may gain an even deeper understanding of the material. One of the major ways

中も持ち続けること、英語の知識をさらに伸ばしたいという意欲があることを示さなければなりません。SOCECプログラムの履修生は、1年次と2年次に週2回開講の「集中上級英語（SOCEC）」を履修するかたわら、そのほかの英語やコミュニケーション関連の科目で単位を修得する必要があります。

私はSOCECプログラムのコーディネーターであると同時に、1年生の「集中上級英語（SOCEC）」の担当をしています。大学において成功し、また大学を卒業してからも成功することを目標に学生が学習する。その学習に影響を与える、互いに関連し合う別々の2つの授業領域があることを私ははっきりと認識し、常に忘れないように心がけています。第一の授業領域はもちろん授業で用いる英語の教材です。SOCECプログラムの1年生の授業では、商学の基礎を学ぶことを目的とした教科書シリーズを使っています。この教科書で学生はコンテンツ型の学習に取り組みます。商学の用語や概念も学習します。そのなかには、学生にとって日本語でもはじめて知るようなものもあります。でもそれだけではなく、教材をさらに深く理解できるように、学習した内容を応用して使う方法までもきるように、

this deeper understanding is achieved is via the fall semester Group Video Project. By means of this activity, students

1. reflect on the content learned over the course of the year.
2. use the knowledge and understanding of their groupmates to fill in any knowledge or comprehension gaps they might have, and
3. actively apply their learning to real world or potential future commerce situations.

Additionally, students increase their vocabulary (both general and commerce-related) as well as strengthen their grammar knowledge via specific textbook sections as well as through various handouts distributed to them throughout the year.

With the students entering the program already in possession of good English ability and motivation and a desire to improve that ability, the twice-weekly classes allow SOCEC class instructors to add an ad-

学ぶのです。秋学期に実施するグループによるビデオ制作は、そういった深い理解を達成する手段の1つです。このビデオ制作を通して学生は次のことを行います。

1. 春学期・秋学期を通して学習したコンテンツを復習する。
2. 自分に欠けているかもしれない知識や理解を、グループの仲間の知識や理解によって補う。
3. 現実の、もしくは将来遭遇しうるビジネスの場面に、学習した内容を積極的に当てはめる。

さらに加えて、教科書の特定の箇所や学期中に配布するさまざまな資料を通じて、学生が商学に関わる語彙や一般的な語彙を身につけるだけでなく、英文法の知識も強化するようにしています。

SOCECプログラムを履修しようという学生は、すでに高い英語の運用能力と動機づけを持ち、その能力を高めたいという意欲もあるので、週2回開講されるSOCECの授業担当者はさらに上のレベルの内容も授業に盛り込むことができます。そのため、英語の

ditional layer to the courses. Thus, beyond the first area of English skill improvement, the second area I concern myself with is the development of the students as world citizens. In other words, having strong English ability and a thorough understanding of commerce content are necessary but not sufficient prerequisites for Meiji University graduates to compete and succeed on the world stage and in life in general. I therefore take a two-prong approach to developing the students as capable individuals who will embark on their own life journeys.

The first approach is to acclimatize the students to university life. In my previous research concerning Japanese university students' study methods, I discovered that freshmen students are often unsure about what is expected of them at the university level in terms of their learning and their approaches to education, so they tend to rely on the study methods that got them to university (i.e. the methods that helped them pass tests, particularly university entrance exams). While exams are undoubtedly an im-

スキル向上を目的とした第一の領域のほかに、世界的な視野をもった市民に学生を育てることを目的とした第二の授業領域も盛り込むようにしています。言い換えれば、英語が堪能で、商学分野の学問に精通していても、それは世界という舞台で、また広く人生において、勝ち抜いていくための必要条件ではあっても十分条件ではないということです。そこで私は、人生という旅に出発する有能な1人の人間として学生を育てる2つのアプローチを取っています。

第一のアプローチは、履修者を大学生活に馴染ませることを目的とします。日本人学生の学習法について私が過去に行った研究で判明したことがあります。それは、学習や教育の受け方という点で、大学レベルで自分たちに何を期待されているのかを新入生の多くはよく理解しておらず、その結果、大学に入学する際に役立った学習法に依存してしまっているということです。その学習法はつまり、試験、とりわけ大学入学試験に合格するための学習法です。試験というものが教育の重要な柱となっているのは紛れもない事実でありますます。でもその一方で、大学は学生がどれほどの量の知識を吸収してきたのかを計測するだけの場ではあり

portant component in education, university is more than just gauging how much information students have absorbed. Students at university must be made aware that they will be expected to more concretely apply the knowledge that they have accumulated. Thus, upon SOCEC program entry, I endeavor to point out and teach students that university

1. is more than a series of class lectures, particularly their English classes, as there is a great deal of knowledge application (hence the Group Video Project).
2. introduces increased freedom and independence. Students must therefore construct course schedules that will allow them to attain the credits they need to graduate but also allow for a balance of study time and personal time (i.e. for club activities or part-time jobs), and
3. is the start of their new lives. The transition can be taxing, so we cover stress relief methods and techniques.

1. 特に英語の授業などではグループによるビデオ制作のように、知識を実際に使って作業することが多く、大学は講義をただ聴くだけの場所ではない。
2. 大学では高校までよりも自由と自立性が増す。したがって、学生は卒業に必要な単位を取れるようにすることはもちろん、勉強と（クラブ活動やアルバイトなどの）課外活動との両立が図れるように授業のスケジュールを組む必要がある。
3. 大学生活は高校までの生活とは全く異なり、生活環境の変化には精神的な負担が生じるため、その負担を軽減する方法やコツも授業で扱う。

Of course, all of the above-mentioned content is taught and discussed in English.

The second approach teaches the students how to become effective communicators. A robust knowledge of English does not automatically translate to successful communication. I therefore include several components meant to bolster their communicative ability. One component is the teaching of aspects of English that are often confusing to learners of the language. Another component introduces the need for cultural awareness. Yet another component focuses on providing them with conversation strategy methods, that is, ways that allow students to overcome obstacles in communication when conversing in English. Additionally, as I have discovered in my research on Japanese university students' perceptions toward English pronunciation, students often remain unaware that there are different dialects and varieties of English (e.g. American English, British English, Australian English). In order to best prepare them to

もちろん、この3つの点はすべて英語で教え、学生に英語で議論してもらいます。

第二のアプローチでは、有効的なコミュニケーションの仕方を学んでもらいます。英語がいくら達者であっても、それだけで自分の意思がうまく伝わるとはかぎりません。私の授業には学生のコミュニケーション能力を支える柱をいくつか取り入れています。1つの柱は、英語を学習する人にとってわかりにくいことの多い英語の側面を教えることです。別の柱では、文化の理解が必要なことを教え、また別の柱では、会話のストラテジーを教えることに重点を置いています。会話のストラテジーとは、英語で会話をしているときに生じるコミュニケーション上の障害を克服する手段のことです。さらに、これは英語の発音に対して日本人の大学生がどういう認識を持っているのかを調査した私自身の研究で判明したことですが、英語にはアメリカ英語、イギリス英語、オーストラリア英語など、多様な方言、変種が存在するということを知らないままでいる学生がとても多いのです。多様な英語の変種が使われる職場に入っても困ることがないように、授業の聴き取り練習では学生にさまざまな英語の方言に触

enter the workforce where different varieties of English may be used, students are exposed to different English dialects via listening activities, and they engage in pronunciation practice activities so that they may speak a form of English that is less influenced by their native Japanese pronunciation and hence is more comprehensible to a greater number of English speakers around the globe.

Looking back over my years of teaching SOCEC classes, I have had the pleasure of seeing students expand their English skills. Twice-weekly classes provide ample time to cover the necessary material and allow the students to engage in that material in a wide range of styles (i.e., individually, in pairs, and in groups). Overall, I have been extremely pleased with the progress the students make, and it brings me great joy when graduating seniors approach me to say that what they learned from me in the SOCEC classes (e.g., the importance of understanding word families when encountering unfamiliar vocabulary) has been of incredible use to them.

れてもらっています。また学生の母語である日本語の発音の影響をなるべく排した英語の発音をすれば、世界中に数多くいる英語話者（英語の使用者）にもっとよく理解してもらうことができます。授業ではそういう発音ができるような練習もしてもらっています。

SOCECの授業をこれまで担当してきて、学生が英語のスキルを向上していく姿を目にするのを嬉しく思ってきました。週に2回も授業があるので、必要な教材を扱うのに十分な時間的な余裕が生まれ、学生が1人で、またペアになって、さらにはグループになって、さまざまなスタイルで教材に対して向きあうことができます。全般的に言って、学生が見せる上達ぶりに私はとても満足しています。卒業を控えた4年生が私のところにやって来て、SOCECの授業で私から学んだことが信じられないくらい役に立った、と言ってくれるときには、教師冥利に尽きる思いがします。それはたとえば、知らない単語に出くわしたら、それがどういう種類の語であるかを知るのが重要であるということです。

そうは言っても教師にとって最大の困難が残っています。各回の授業をそれぞれ独立した単元を扱う授業

However, the biggest challenge nevertheless remains having students grasp the fact that each class meeting cannot be thought of as a discrete lesson. What I teach in one class should (must) be remembered and utilized in the next or subsequent lessons. This is why, for instance, I require the students to include conversation strategies (learned in the spring semester) when they do their Group Video Project (done in the fall semester). They cannot forget or dismiss what they have learned previously. Because they have another year of twice-weekly SOCEC classes when they become sophomores, they have additional time to pick up skills or concepts they may have had difficulty with as freshmen.

It is the overarching aim of the SOCEC program to prepare students to live and work effectively by using English effectively. As each graduating SOCEC class heads off into the world to start their new lives, I cannot help but wonder where their life paths will lead them. Being SOCEC students, I know that they are equipped to succeed.

のように考えてはいけないのに、その事実を学生はなかなかわかってくれないのです。過去の授業で学習したことは、その回の授業で完結するのではなく、その後の授業においても必要になります。それに伴って、たとえば、秋学期に行うグループによるビデオ制作においては、春学期に学習した会話のストラテジーをビデオ制作に含めるように学生に指示するようにしています。前の授業で学習した内容を忘れることも、取り込まずにいることも、学生はどちらも許されません。2年生になっても、週2回のSOCECの授業は続きます。1年生のときに苦労をしたかもしれないスキルや概念を再学習する時間的な余裕がもう1年あるのです。

SOCECプログラムの主要な目的は、英語の有能な使い方のできる、有能な社会人となるように学生を育てることです。SOCECプログラムを修了して卒業していく学生1人ひとりが社会に出て、新生活を始めるにあたり、また彼らの人生の行く先に何があるのかと思わずにはいられません。でも、成功するだけの備えがある学生たちであることは、よくわかっています。何と言っても、SOCECプログラムを履修した学生たちですから。

5 山﨑織江氏に聞く 留学と就職を通じて体験したドイツ文化の魅力

商学部に入学した頃

私の通っていた高校は面白いプログラムを持っている学校で、ドイツ語を勉強することが可能でした。もともと英語が好きで、もう1カ国語プラスできたら格好いいなという気軽な気持ちで高校時代にドイツ語を始めたのです。大学進学を決めるとき、当初は外国語学部へ行こうと思っていました。しかし、勉強していくうちに私には外国語一本で食べていくのは無理かなと思い始めました。そこで、外国語がツールになるような職業は何かと考えたなかで、貿易が面白そうだと思いました。それが商学部を選んだ理由です。

商学部に入学した当時のカリキュラムは、1・2年生のときに教養科目が多く、商学に関する専門の科目は、3年生から本格的にゼミや講義が始まるという感じでした。2年生のとき、学年が上がるよりも前に貿易のことを勉強したいと思い、資格取得の勉強を始めました。通関士という資格ですが、2年生のうちに取得しました。

専門科目、教養科目を問わず、大学時代に学んだことは社会人になってから、その大切さに気づくことがあります。横井勝彦先生の「経済史」や、教養科目の「物理学」はいまでも記憶に残る科目です。たとえば、「物理学」の講義は商学部の学生向けのやさしい内容でしたが、その講義の目的は、新聞などに書いてある原子力の記事を読めるようにすることでした。もちろん当時は原発事故が起こるとは誰も想像していませんでしたが、大学

山﨑織江氏
ロバート・ボッシュ (Robert Bosch GmbH) 勤務
2008年 商学部卒業

第2章 コミュニケーション 102

で学んだことは社会で生きていくうえで大切な基礎になると思います。

ドイツ文化体験　～留学と就職を通じて～

商学部とドイツのブレーメン経済工科大学が2006年に協定を結び、学生の交換留学制度をスタートさせました。私は商学部からの初の派遣留学生の1人として、2007年の春から1年間、ブレーメンに留学しました。その後、商学部を卒業して日本で就職しましたが、現在はドイツ企業ロバート・ボッシュ（Robert Bosch GmbH）へ転職し、ドイツが生活の拠点となっています。

留学生として体験したドイツと、社会人として経験しているドイツとは、少し違う印象もあるのですが、基本的に共通しているのは、やはりドイツ人は「議論好き」だということですね。大学での講義中に相手を論破するまで話し続けたり、会社でもミーティング中に相手の言葉が出なくなるまで話し続けたりする人が多いのは、ドイツらしさの1つだと思います。日本とドイツでは、この点での違いが大きいですね。日本で働いていたときは、人と違う意見をはっきり言うような文化があまりなかったように思います。ドイツのいまの勤務先の場合は、違う意見を言っても、「でも、そうか、そうか」ととりあえずは聞いてくれて、「やっぱりこうだよね」とお互いの意見を交わすといった感じです。ドイツには議論する文化があるので、議論で話したことと人間性は別、もし、相手の意見をあまり受け入れることができなかったとしても、その人の人間性が悪いわけじゃない、といった考え方があると思うのです。私個人としては、議論をきちんと戦わせて、良いほうをとっていくような文化のほうが合っているだろうと考え、そのことがドイツで働く理由の1つとなりました。

いまの職場では、貿易に関するコンサルティングを行っています。コンサルチームメンバー10人のうち、日本人の私と、中国人、スペイン人、パラグアイ人、メキシコ人の5人が外国人ですが、オフィス内ではドイツ語

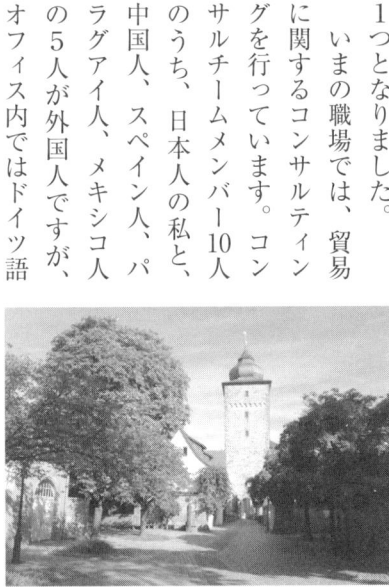

● カールスルーエ市内 ●

が優先して使われます。ただ、ドイツ国外のボッシュの社員とメールや電話会議をするときには英語を使っています。

大学入試のときに、外国語の試験は英語ではなくドイツ語だったため、英語がちょっと苦手で……。このままではいけないと思い、3年生のときに、塩澤恵理先生のゼミに入って、英語でのディスカッションを中心とした勉強をしました。ゼミを通して、英語を話す際の恐怖感がとれたという感じです。ドイツ語もコヴァリク先生に協力していただいて、日記のような感じでちょっとドイツ語の文章を書いてみて先生に添削していただく、という勉強をしていました。

「大学での学び」と現在のキャリア

いまは学生時代から求めていたような職種に就いている、というよりもようやくスタート地点に立てたと感じています。大学時代の勉強や蓄積が、いまのキャリアへつながっていることは確かですが、必ずしもすべてが順調だったわけではありません。たとえば、就職先を探しているときや転職を決意するまでの過程というのは苦しかったですね。

大学で貿易について勉強しようと決めてから、将来は、貿易のスペシャリストとして働きたいとずっと思っていました。最初の勤務先は、貿易に関わるさまざまな政策を振興するための活動をしている機関で、業務の1つとして、日本国内の企業から貿易に関する相談などを受けていました。ただ、その機関自体はモノを輸出したり、輸入したりすることがないため、貿易実務などの経験は積めませんでした。

その機関でさまざまなことを学びましたが、スペシャリストになるためにはもう少し具体的に貿易に携わる必要があると考えるようになりました。その際、海外へ出すためのモノを実際に扱っているところ、すなわちメーカーがふさわしいだろうと思いました。結果として、貿易に力を入れている企業の1つであるボッシュが、貿易関係のネットワークを強化している時期であったというご縁もあり、転職することになりました。

いまは、ロバート・ボッシュの貿易に関するCorporate Departmentに所属していますが、この部署では関税率に関する問い合わせを受けたり、FTA（Free Trade Agreement＝自由貿易協定）の有効活

用についてアドバイスをしたり、また、通関手続きや貿易全般におけるリスクの軽減を担当しています。たとえば、どこか新しい工場を建てる際、工場でつくられるモノの原材料、あるいは工場での完成品の行き来がFTAを結んでいる国・地域間であれば関税ゼロで輸入できる(＝関税が節約できる)ため、このような戦略を考えるのは企業にとって非常に重要です。

3年生のときに履修していた、小林尚朗先生の「貿易論」で覚えているのが、期末試験で「保護貿易と自由貿易のどちらかを選んで、そのメリットと理由を書きなさい」という問題が出たことです。当時私は、保護貿易のほうが良いと考えていたのですが、いまは考えが変わり、自由貿易賛成派になりました。たとえば、ドイツで日本製の電化製品は結構高く、他方、EU・韓国間にはFTAがあるため、EU内で韓国製はリー

● カールスルーエ市内 ●

ズナブルなのです。その一方でドイツの隣国スイスは、日本とFTAを結んでいるために、(スイスは物価の高い国であるにもかかわらず)日本製のモノもそこまで高くなかったりします。このようにちょっと街の電気屋さんを見てもFTAのメリットが大きいとわかったのです。大学で勉強したことがベースとなり、社会に出て、さまざまな経験を経ると、考え方が変わったりするので、面白いですよね。

職場では、いつも私なりの目標をもって仕事をしています。現在、あるプロジェクトに携わっているのですが、プロジェクト・マネージメントについて、直接プロジェクトリーダーから学ぶことができるので、非常に楽しい日々を送っています。リーダーとして、さまざまな部署や国籍の人々をまとめつつ、1つのプロジェクトへ向かって進んでいく仕事は魅力的に感じるので、近い将来の目標はプロジェクトリーダーになることです。

ドイツでの働き方・休み方

ドイツでは土・日の休日が徹底していて、土曜日の昼過ぎには店が閉まってしまうこともあり、土曜日は食

料品の買い出しなどで忙しくしています。日曜日はどのお店も基本的には閉まっており、街は静かであまりやることがありません。私と同じチームにいる外国人の同僚たちも「ドイツの日曜日はつまらない」と言っているので(笑)、その同僚たちと一緒に喫茶店に行ったり、食事に行ったりしています。

それから、ドイツには管理職を除いて1日10時間以上働いてはいけないというルールがあります。仕事の多い時期に、もう1時間くらい仕事をしたいと思っても許されず、ドイツで働き始めた当初は厳しいと感じました。ある月に、残業時間が多くなってしまい、上司から注意されたことがありました。その月の残業時間は30時間だったのですが、日本の企業ではさらに長い残業時間もめずらしくありませんでした。残業をするのではなく、通常の勤務時間をもっと効率的に使え、というのはすごくドイツらしいなと思いました。でも、これは良いことなのかもしれないですね。時間は無限ではなくて限られているということを認識しないといけないし、仕事を終えて、家に帰って、十分な睡眠時間を得られれば、次の日はまた元気に頑張れます。時間を効率的に使わなければならないというプレッシャーは日本にいたときよりも強いのですが、時間をうまく使うことで、仕事とプライベートのバランスが取りやすくなるので、良いシステムであると考えます。

海外から見た日本について

日本人は、私自身もそうかもしれませんが、わりと謙遜することが多いと思います。一般的に海外において謙遜のし過ぎは、あまり良くないものだと思っていました。ただ、私も最近になって知ったのですが、日本人がほかの人に配慮しながら話す姿勢は、海外で評価されることもあるようです。

私たちのチームでは、私たちが普段使っている外部の業者さんを監査する機会があります。こちらはチェックする側なので、もしその業者さんがあまり良くないことをしていたら、その理由を問わないといけません。こうした仕事について、私のドイツ人上司が言う

●カールスルーエ城●

第2章 コミュニケーション

には、ドイツ人は「何で」「何で」と相手を強く問い詰めてしまう傾向があるようですが、日本人やアジア圏の人は、相手のことを気にしながら、うまく話す能力があると言うのです。日本人のいわゆる「空気を読む」という性格は、プラスに捉えられることもあるようです。ちょっとした思いやりの気持ちが入っている雰囲気が良いのでしょうね。空気を読むというのは、自分の意見を通すことが最終目的ではなくて、相手と良いやりとりをすることで、お互いが良い仕事をするためのコミュニケーションが図られているというポジティブな姿勢として捉えられているのでしょう。

人とのつながり 〜大学の外にも目を向けて〜

人とのつながりはすごく大事だと思います。今回ボッシュに入社したのも、ブレーメン経済工科大学の卒業生からの紹介でした。私が大学生のときに心がけていたのは、大学でのつながりを大切にしながら、できるだけ大学以外のところにも目を向けようということです。ブレーメンでの留学中には、夏休みを使って現地の物流会社でインターンシップに参加しました。そこでも新しい上司や同僚に会って、多くのことを学び

ました。

それから、ドイツは展示会の国で、数多くのメッセが開催されています。私は物流にも興味があったので、ロジスティクス・メッセなどへ出かけて行き、そこで多くの企業の存在を知りました。また、海外では日本大使館などの主催で、たとえば、デュッセルドルフの日本領事館では1年に1回「ヤーパンターク（Japan Tag）」という日本を紹介するイベントを開催しているので、ブレーメンに留学していたときも、デュッセルドルフまで出かけてみたりしていました。日独経済セミナーから日本文化体験コーナーまであり、そこで領事館の方々と知り合うこともできました。

明治大学はすごく規模が大きいので、それだけでも出会いが多いと思うのですが、大学以外の場所でも、インターンシップ、セミナー、イベント等々に参加して、さらなる出会いを求めることを大切にしてきました。そのうちのいくつかの出会いが、いまの仕事で活きています。

自分で考えること、世界を知ることの大切さ

明治大学商学部のダブル・コアは、教養分野と専門

分野、両方のゼミがとれるという本当に良い仕組みですよね。もし自分はどっちに興味があるんだろうと迷うことがあっても、両方を選べるので、両方チャレンジできるすごく良い機会だと思います。

明治大学が素晴らしい大学で、本当に良かったと思っているのですが、1つだけ、「もっとこうだったらいいな」と思うことがあります。ドイツに来てから、自分で考えて、自分で新しい課題を見つけて進めていくという仕事のスタイルがすごく多くなりました。日本の企業で働いていたときは、課題をもらって、それをやっていくというスタイルが多くて、わりと受け身でした。たぶん大学でもすでに用意された課題を与えられて学ぶというスタイルが多いと思うのですが、自発的に考えなければならないような、いわゆる「考える訓練」になるような機会が、大学の授業にもっと多くあったらいいなと思います。大学は、講義を受けて単位を取っていくようなシステムなので、なかなか難しいかもしれませんが、授業でディスカッションの時間を多くするというのも1つの手ではないでしょうか。学生のときに自分で考える機会を多く持てると、それが良い訓練になって、社会に出てからも自分で考えて

行動できるようになるのではないかと思います。

大学では読書を勧められることも多いでしょう。私からは、本ではないのですが、新聞がすごく大事だということをお伝えしたいです。必ずしも経済新聞である必要はないのですが、新聞は社会を知る大切な情報源なので、必ず読んだほうが良いと思います。私が大学生の頃は、新聞の経済面などはあまり読んでいなくて、むしろ社会面のほうが好きでした。でもその後、社会人になって貿易関係をもっときちんと追わないと、と考えるようになり、日経新聞などを読み始めました。新聞を読むって、世界を知るにはすごく大事ですよね。

自分から積極的に社会と接点を求めるような若い方々がどんどん商学部から出てくれるといいなと思っています。私も、そういう後輩と是非知り合いたいです。

● カールスルーエ城 ●

第2章 コミュニケーション　108

「ドイツ語との出会い」をあなたの未来に活かすには

広沢絵里子

(1) はじめに

皆さん、はじめまして。私はドイツ語の教員としてドイツ文法（1年生）や時事ドイツ語を扱う演習（ゼミナール）などを担当しています。この章ではドイツ語を中心に、商学部生が英語以外の外国語を学ぶ意味について考えてみたいと思います。ドイツ語との出会いは、たとえ「ネイティブ並み」にドイツ語を話すことができるようにならなくても、皆さんの大学生としての教養や、将来社会で必要な能力に役立つということを、お伝えしたいと思っています。

(2) グローバルな社会を意識してみよう

明治大学商学部は、世界の経済や現代社会の急速な変化に対応し、若い学生たちと社会とを積極的に結びつけるビジネス教育に力を入れてきました。しかもその「社会」は、今日では「グローバルな社会」を意味するようになってきています。世界のさまざまな文化について理解を深めることは、未来の大学生や社会人に必要な力、つまり「教養」となる

でしょう。

山﨑織江さんのお話からもうかがえるように、社会で活躍するための基礎力として、専門分野の知識や資格に加え、豊かな外国語能力が求められる時代となりました。しかし、グローバルな社会で充実した職業生活や人生を送るために、本当にそれだけで足りるのかというと、そうではないような気がします。

山﨑さんは、いろいろな人々との出会いを大切にしていらっしゃいました。とりわけ、複数の言語や文化の入り混じるドイツにおいて、ドイツ的なものの考え方を理解しつつ、その一方で、自分らしさや「日本的なもの」を積極的に発信することをやる点が、とても印象に残ります。日本国内であれ、海外であれ、グローバル化は私たちの生活環境に、常に異文化や外国語との接触をもたらしています。このように変化に富んだ現代社会をより良く生きるためのヒントが、山﨑さんのこれまでの経験のなかにあると感じます。それは、多様な人々と交流の経験を重ね、時間をかけて「コミュニケーション力」と「文化理解力」を養っていく、ということです。

山﨑さんがビジネスパーソンとして培ってきた力は、「英語力」や「ドイツ語力」といった個別の能力とはまた違った「総合的な文化理解・文化対応能力」ではないかと思うのです。外国語を学ぶことは、異文化を尊重し、自分の文化を見つめ直すこと、他者を受け入れ、自分を理解してもらうために発信すること、そうした総合的な能力への第一歩です。

●ブレーメン旧市街●

第2章 コミュニケーション

(注1) 2013年度までの名称は、朝鮮語です。

(3) 複数の外国語とまず出会ってみよう

山﨑さんのように、複数の外国語への関心を高校時代から深められるというのは、すばらしいことですね。というのも、日本の大半の高校が、諸外国とは異なり、外国語として英語のみを教えているのが現状だからです。

① 大学のカリキュラムをのぞいてみると

おそらく、多くの大学生は、大学に入学する時にはじめて「さて、英語以外にどの外国語を学ぼうか」と考えるのではないでしょうか。商学部では、どのような外国語との出会いを用意しているのか、ここでカリキュラムを簡単に紹介させてください。

明治大学商学部では、すでに学んできた英語を「既習外国語」、大学ではじめて学ぶ外国語を「初習外国語」と呼んでおり、既習・初習の外国語を1・2年生のときに必修科目として勉強します。初習外国語には選択肢があり、ドイツ語、フランス語、中国語、韓国語(注1)、スペイン語、ロシア語、(そして留学生向けの日本語)のなかから1つを選んで学びます。関心のある国や文化があれば、その国や地域の言語に是非挑戦してみてください。大切なのは、英語以外の扉を開いて別の言語に触れてみることです。

商学部では、初習外国語の学習を深めるカリキュラムが

●ベルリンのフンボルト大学●

第6節 「ドイツ語との出会い」をあなたの未来に活かすには

(注2)《プラスワン》と上級・発展クラスは、ロシア語を除く初習外国語で設置されています。

充実しており、1年生の後半（秋学期）から2年生修了までの1年半、必修科目にプラスして受講できる選択科目「初習外国語《プラスワン》」が開講されています。また、3・4年生向けに上級クラス・発展クラスが設置されており、大学4年間を通じて初習外国語の能力を向上させ、留学、ビジネス、専門分野の研究に役立つ実力を養成できる制度になっています。「ドイツ語プラスワン」や「上級ドイツ語」、「発展ドイツ語」でも、担当の先生方がさまざまな工夫をこらしながら学生のドイツ語技能の向上をバックアップしています。

② **なぜ、もう1つ外国語を学ぶのか**

ところで、英語だけでも大変なのに、なぜさらにもう1つ外国語を勉強しなくてはならないのか、初習外国語は必修の2年間でどれほど身につくものなのか。あれこれ疑問に思い、複数の外国語を学ぶことに消極的な学生もいることでしょう。外国語の「技能」に限って言うと、4技能（聞く・話す・読む・書く）のすべての分野でハイレベルに到達するには、相応の努力と時間的投資が必要です。《プラスワン》の受講や、3・4年生での勉強の継続がとても大切です。

しかし、初習外国語を勉強する「価値（意味）」は、4技能の習得だけに限ったことではありません。たとえば、ドイツ語を勉強することにより、ドイツ語学習に必要なさまざまなツールの存在を知ることになるでしょう。辞書や文法参考書、インターネット上のドイツ語学習サイト、ドイツ語の新聞・雑誌、ドイツ映画祭、ドイツ文化センターや日独交流関係の機関、大使館、留学制度や奨学金制度などです。外国語学習に伴ってツールの存

第2章　コミュニケーション

郵便はがき

| 1 | 0 | 1 | - | 8 | 7 | 9 | 6 |

511

料金受取人払郵便

神田支店
承　認
8188

差出有効期間
平成26年8月
31日まで

（受取人）
東京都千代田区
　神田神保町1-41

同文舘出版株式会社
愛読者係行

||||||||||||||||||||||||||||

毎度ご愛読をいただき厚く御礼申し上げます。お客様より収集させていただいた個人情報は、出版企画の参考にさせていただきます。厳重に管理し、お客様の承諾を得た範囲を超えて使用いたしません。

図書目録希望　　有　　　無

フリガナ		性別	年齢
お名前		男・女	才
ご住所	〒 TEL　　（　　）　　　　Eメール		
ご職業	1.会社員　2.団体職員　3.公務員　4.自営　5.自由業　6.教師　7.学生 8.主婦　9.その他（　　　　　　　）		
勤務先 分　類	1.建設　2.製造　3.小売　4.銀行・各種金融　5.証券　6.保険　7.不動産　8.運輸・倉庫 9.情報・通信　10.サービス　11.官公庁　12.農林水産　13.その他（　　　　）		
職　種	1.労務　2.人事　3.庶務　4.秘書　5.経理　6.調査　7.企画　8.技術 9.生産管理　10.製造　11.宣伝　12.営業販売　13.その他（　　　）		

愛読者カード

書名

- ◆ お買上げいただいた日　　　　　年　　　月　　　日頃
- ◆ お買上げいただいた書店名　（　　　　　　　　　　　　　　）
- ◆ よく読まれる新聞・雑誌　　（　　　　　　　　　　　　　　）
- ◆ 本書をなにでお知りになりましたか。
  1. 新聞・雑誌の広告・書評で　（紙・誌名　　　　　　　　　　）
  2. 書店で見て　3. 会社・学校のテキスト　4. 人のすすめで
  5. 図書目録を見て　6. その他（　　　　　　　　　　　　　　）
- ◆ 本書に対するご意見

- ◆ ご感想
  - ●内容　　　　良い　　普通　　不満　　その他（　　　　　　）
  - ●価格　　　　安い　　普通　　高い　　その他（　　　　　　）
  - ●装丁　　　　良い　　普通　　悪い　　その他（　　　　　　）
- ◆ どんなテーマの出版をご希望ですか

<書籍のご注文について>

直接小社にご注文の方はお電話にてお申し込みください。 宅急便の代金着払いにて発送いたします。書籍代金が、税込1,500円以上の場合は書籍代と送料210円、税込1,500円未満の場合はさらに手数料300円をあわせて商品到着時に宅配業者へお支払いください。

同文舘出版　営業部　TEL：03-3294-1801

(4) インターネット時代の利点を活かそう　〜時事ドイツ語〜

商学部2年生のドイツ語科目には、テーマ別のクラスが設置されており、コミュニケーションドイツ語、ドイツ語技能検定（独検）対策、ドイツ文化、オーストリア文化、時事ドイツ語などのテーマから1つを選択して重点的に学習することが可能です。このなかから、私が担当している「時事ドイツ語」についてご紹介します。

インターネットは、外国語学習の環境を大きく変えました。今日ではインターネットを通じてあらゆる言語の新聞・雑誌記事を素早く読むことができます。どんな外国語であれ、インターネット上で得られるテキスト、音声、映像を活用して勉強しない手はありません。

「時事ドイツ語」をテーマとした授業は、こうしたインターネット活用を前提に、ドイツ

在を知り、利用する方法を学ぶことは、ある国や地域の文化や制度に触れ、視野を広げるチャンスなのです。

必修の2年間を通じてドイツ語を学ぶことは、「ドイツ語」だけでなく、上述のようなツールを含め、「ドイツ語学習の方法」を学ぶことでもあります。基礎文法や、優しい日常会話を学びながら、辞書が引けるようになり、自分のレベルにあった参考書を選び、自律的な学習が進められるようになります。その学習方法は、将来、別の言語の学習を迫られたときに応用できる方法です。長い社会生活の間に異文化の理解を必要とする機会は増え、外国語を学ぶ必要性は高まっていくでしょう。英語以外の外国語に遅くとも大学1年生で触れることは、若い世代の皆さんが、自発的に外国語を学習する能力を発展させ、今後生涯にわたって第3、第4の外国語を学ぶ下地をつくる、とても貴重な機会なのです。

第6節　「ドイツ語との出会い」をあなたの未来に活かすには

（注3）イギリスの放送局BBCでも、英語学習ページのほか、フランス語、スペイン語、ドイツ語、イタリア語の講座をインターネットで提供しています。英語学習には、BBCを活用するのも良いと思います。

　の新聞社や放送局が発信しているニュースを自力で読むための「基礎づくり」を目標にしています。まずは、1年生で学んだ文法を、記事の読解に応用できるように練習していきます。扱う記事のテーマは学校教育や環境問題など、さまざまです。ベルリンの壁崩壊（1989年）や東西ドイツの統一（1990年）については、すでに当時から20年以上経過した今日でも、毎年記念日の前後に特集が組まれ、多くの関連記事が出ます。今日のドイツを理解する鍵となる出来事ですので、必ず取り上げるようにしています。

　授業では、ドイツの国際放送局「ドイチェ・ヴェレ（Deutsche Welle）」のホームページをしばしば利用しています。ドイツ語、英語を含む30言語でニュースを見ることができる多言語放送局です。ドイツ語学習者向けのページ「ドイチュ・レルネン（Deutsch lernen）」（注3）が充実しており、学習者のドイツ語レベルに応じた豊富な教材を提供しています。中級から上級者向けのコーナーでは、最新のニュースをドイツ語の学習者向けに読みやすく書き直して提供しています。ニュースに関連した大きな写真と、ニュース原稿をゆっくり読み上げる音声データがついているので、ニュースの内容を想像しながらドイツ語テキストに目を通し、ネイティブの発音を繰り返し聞くことができます。

　とは言え、1年生の学習が終わったばかりで、いきなりドイツ語情報の世界に飛び込むのは、なかなか大変です。特にニュースのドイツ語を見ると、知らない単語ばかりで歯が

●ベルリン（2003年）旧東ドイツの共和国宮殿は2008年に完全撤去

第2章　コミュニケーション　*114*

（注4）伊藤光彦『ドイツ語情報世界を読む―新聞からインターネットまで』白水社、2001年、18頁、232頁参照。

立たないと最初は感じるでしょう。ドイツが16の連邦州から成り立っていること、いわゆる「国」レベルの「連邦政府」と連邦首相（現在はメルケルさん）」が存在するだけでなく、各州に「州政府」があり「州首相」がいることなど、日本との制度的な違いも知る必要があります。しかし、難しい単語のハードルを少し乗り越えると、ニュースのドイツ語でも基本的な文法の知識を用いて「意外に読める」と感じられるのではないかと思います。

ジャーナリストとしてドイツ語情報に通暁している伊藤光彦氏は、ドイツ人たちの「情報化社会」への対応が「国際的に一歩んじていた」と指摘し、ドイツ人の情報の収集・整理・活用における徹底性と効率の良さを高く評価しています（ドイツのオフィスや大学でよく見られるファイリング・システムやカード・システムは、アナログ情報を整理する優れたツールです）。また、インターネット情報に関しても、ドイツの省庁のホームページが「ドイツの国民的特質である徹底癖が活きて、情報を出すすならば出来るかぎり包括的・詳細に、という精神が脈打っている印象をうけます」とも述べています。それゆえ、ある1つのテーマに関してドイツ語で情報を得られることは、大きなメリットがあると考えられるのです。日本語や英語で読むことのできるニュースや解説に加え、ドイツでの論調を知ることは、ものごとを多角的に掘り下げて考えるきっかけになります。世界経済の動き、エネルギー政策、紛争・難民問題といった国際的テーマや、スポーツ、音楽、ファッション、自動車、食べ物など、日常生活や趣味に関する分野でも良いのです。自分の気になる話題について、ドイツ語情報をキャッチできるようになることをめざして、大学でのドイツ語学習に取り組んでほしいと思っています。

山﨑さんは、世界を知るためには新聞を読むことが大切だと述べられています。今後ドイツ語を学ぶ若い皆さんが、ドイツ語の新聞・雑誌も「世界を知るため」に役立ててくれるよう、「時事ドイツ語」の授業も工夫を重ねていきたいと思っています。

(5) 少しずつ「経験」していこう

インターネットの活用を上述のようにお勧めしましたが、ここではあらためて、外国語を学ぶうえでの「経験」の大切さについても触れておきたいと思います。言語がその国や地域の文化・歴史、そしてそこに生きる人々と結びついている以上、ドイツ語を母語とする人たちと交流すること、ドイツ語圏に行ってみることは、教室やネットでは得られない豊富な文化情報に触れるチャンスです。

個人的な話になって恐縮ですが、ここではしばらく、私のドイツ語学習歴を振り返ってみたいと思います。ドイツ（語）にはじめて触れたのは、文字情報からでした。もともと、高校時代に読んだ日本文学のなかに、ドイツ語やドイツ文学が出てきたことでドイツに興味を持つようになったのです。本書の執筆者のお1人である永井善久先生も愛読されたという太宰治（1909〜48年）の作品には「ダス・ゲマイネ」という、ドイツ語のタイトルが付いている短編があります。「ダス・ゲマイネ」は、ドイツ語としては「通俗的なこと」「下世話なこと」を意味する一方で、太宰の出身地の言葉、津軽弁によく似た発音のことばがあるそうです。また、ノーベル文学賞の候補者でもあった安部公房（1924〜93年）は、リルケやカフカなどのドイツ語圏の作家や、ドイツ哲学の影響を受けていました。日常、疑問視されることのない、・も・の・の・見・方・を・転・倒・さ・せ・る安部作品の魅力と、ドイツ文学と

（注5）鎖国下の江戸時代には、通商関係を開いていたオランダ東インド会社の一員として来日したドイツ人が何人かおり、ケンペルやシーボルトが有名です。日独国家間の関係は、1861年に江戸幕府とプロイセンとの間に締結された日普修好通商航海条約が始まりです。

●ブレーメン旧市街●

がどうつながっているのか関心を持つようになり、結局、大学ではドイツ文学を専攻しました。明治維新以降の近代化の過程で、日本はドイツ（プロイセン）を1つの模範にしていましたので、ドイツ語はその後、20世紀の半ばまで教育言語・学術言語として重要でした。私が高校時代（1970年代の終わり）に好んで読んだのは、戦中、戦後に活躍した日本人作家たちの作品でしたが、彼らの多くは、旧制高校時代にドイツ語、あるいはフランス語を学んでいたのです。

ところで、私は学生時代に文学部でドイツ語を学んではいたものの、「話し言葉」としてのドイツ語の勉強はあまり進歩していませんでした。はじめてドイツ（旧西ドイツ）に留学した時は、言いたいことが口に出せず、大きな絶望感を感じましたし、時々ドイツ人の友人に、「あなたのドイツ語は18世紀の文豪の書き言葉みたいだよ」とからかわれることもありましたが、仕方ありません。とにかく使える単語を駆使して話し、何か間違えば周囲の人たちに直してもらう。その日に言いたくても言えなかった表現、知らなかった単語は、その日の夜に復習したり調べたりする、という繰り返しでした。母語話者でないかぎり、言い間違いなどの失敗はつきものです。その後ドイツ語はだんだん話せるようになりましたが、「失敗の経験はいいことだ」という開き直り精神のほうが、もしかすると大きな収穫だったかもし

117　第6節 「ドイツ語との出会い」をあなたの未来に活かすには

●ブレーメン旧市街●

れません（笑）。ドイツ語という財産を惜しげもなく私に与えてくれた友人たちには、いまでも感謝しています。

ドイツで勉強することを通じて、それまで気に留めていなかったことに気づくようにもなりました。ドイツ社会には多くの外国人が、さまざまな移住の背景をもって生活しています。1950年代のドイツの経済復興を支えた南欧やトルコ出身の外国人労働者たちは、一定の労働期間の後、全員が母国に戻ったわけではなく、ドイツに定住した人たちも多くいました。紛争、戦争を背景に難民となり、ドイツに移住してきた人たちもいます。アフリカ、中近東、アジアと、その出身地や流入した時期もさまざまです。大学でも同様に、ヨーロッパ人だけでなく世界各国からの留学生が多く学んでいます。1990年の東西ドイツ統一以後、社会主義国だった旧東ドイツの人々が西側地域に徐々に入ってきました。

彼らは「外国人」ではなく、「ドイツ人」ではありますが、40年にわたって異なる体制の下で生活してきました。経済的に豊かな西側との格差や、ライフスタイルの違いなどから、東西の「心の壁」が長らく残ることになりました。

ドイツが多様な文化や民族を抱える移民国家であることは、ドイツ情報を調べればある程度わかることです。現在の人口約8千200万人のうち、「移住」を背景とした市民は1500万人ほどいると言われています。しかし、この数字を知ることと、自分の目で見て感じることは、全く違います。現場に行って主体的に何かを感じ、経験するこ

第2章　コミュニケーション　118

(6) おわりに

大学での外国語学習は、必修・選択科目の受講により教室で学ぶところからスタートします。多くの場合、日本人教員とネイティブの教員の双方から学べるように授業が開講されており、「生きた言葉」をスムーズに学べるよう工夫されています。しかし、そこで得た「知識」に、学習者の主体的な「経験」をプラスしていくことが望まれます。明治大学商学部には学部協定校としてドイツにも交換留学先があり、これまで何人もの商学部生がドイツに留学しています。山﨑さんもそのような先輩のお1人です。

ヨーロッパでは、欧州連合（EU）という地域共同体や、欧州評議会（Council of

とは、日本と異なる社会や文化を理解するステップとして欠かせません。たとえば「異文化理解が大切だ」と教えられても、それが「なぜか」を考える機会は日本にはまだ少ないように思います。異なる文化的背景の人々がドイツという国に集まり、お互いが無理解・無関心であったら、その社会はどうなっていくのでしょうか。分断や、争いが絶えない社会になっていくのではないでしょうか。

ですから、たとえ短期間であっても、なにか新しい「経験」を求めて外国に行ってみてください。その国の言葉を少しでもたずさえて行けば、言葉を学ぶことを介して、多くの別のことも学ぶでしょう。相手とどのようにコミュニケーションを取ればよいか、相手を理解するだけでなく、自分をどう理解してもらえるか、新しい地平が少しずつ開けると思います。

（注6）西山教行「多言語主義から複言語・複文化主義へ」大木充、西山教行編『マルチ言語宣言―なぜ英語以外の外国語を学ぶのか』京都大学学術出版会、2011年、第4章、210-211頁参照。

Europe）という国際機関などの活動を通じて、ヨーロッパ諸国の統合が進められています。しかし、その統合は、文化や言語を1つにすることではなく、各国の文化や言語を等しく尊重することを前提にしています。西山教行氏の言葉を借りれば、いま新たに形成されつつある「ヨーロッパ人」のあり方とは、母語に加えて、2言語を学ぶ複言語主義を追求する姿勢そのもの」であると言えます。複言語主義は、1人ひとりが長い一生を通じていろいろな言葉を学ぶことを奨励し、複数の言葉を用いながらコミュニケーションを図ることを、その人の持つ総合的な能力として捉える考え方です。

ドイツ語との出会いは、ヨーロッパで進展しつつある異文化理解の考え方に触れることにもなります。ドイツ語を学ぶことが、あなたの未来に、新しい考え方や見方を付け加えることになれば嬉しいです。

【参考文献・参考URL】

伊藤光彦『ドイツ語情報世界を読む―新聞からインターネットまで』白水社、2001年。

細川秀雄／西山教行編『複言語・複文化主義とは何か―ヨーロッパの理念・状況から日本における受容・文脈化へ』くろしお出版、2010年。

大木充／西山教行編『マルチ言語宣言―なぜ英語以外の外国語を学ぶのか』京都大学学術出版会、2011年。

ドイチェ・ヴェレ（Deutsche Welle）ホームページ：http://www.dw.de/

「ドイツ語学習（Deutsch lernen）」：http://www.dw.de/deutsch-lernen/s-2055

第2章　コミュニケーション

第3章
サイエンス

1. 石川幸千代氏に聞く　レストラン・ドクターとして「日本の食文化」に思うこと
2. 食は文化と科学の接点にある　〜新しい教養としての食の文化と科学〜
3. 岸 泰裕氏に聞く　金融業界から見える世界の動きと社会貢献・地域貢献への思い
4a. 私たちの生活に身近な保険リスクマネジメント
4b. 地域の動きから「世界へ」　〜フィールドワーク実践の意味〜
5. 舟橋達彦氏に聞く　企業家に求められる資質：文理マインド、主体性、海外志向
6a. MOT（技術経営）とTOM（経営技術）
6b. 大学と企業が協力して何ができるか　〜産学協同就業力養成講座の取り組み〜

石川幸千代氏に聞く レストラン・ドクターとして「日本の食文化」に思うこと

高校教師からレストラン経営者へ

私は明治大学文学部のドイツ文学科を卒業しましたが、英語教師の免許を取るためにさらに1年、英米文学科に籍を置き、その後、栃木県で教師になりました。しかし、大学時代から、何か自己実現できるようなことがやりたいという思いがいつも頭の片隅にあったため、ついに高校教師3年目に「もっと別な世界が見てみたい」と校長先生に伝えました。そのとき校長先生には「女性で、教師以上にちゃんとした仕事はないだろう」と言われて一度は思い直したのですが、結局、教師は5年で辞めて、海外を見てみようとアメリカのシアトルの大学に入学しました。そこを拠点にして、カナダを見たり、ニューヨークを見たり、あっちこっちブラブラ歩いて回りました。なにか明確な計画があったわけではありません。

そのとき、たまたまシアトルで入ったレストランのパンケーキがとてもおいしかった。「あっ、これ日本にあったら面白いな」と思い、帰国してすぐに店の物件を探しました。まだパンケーキハウスを経営するという具体的な考えはなかったのですが、紹介された店舗のための物件の2階だったので、物販は難しいからレストランにしようと思い、シアトルで見てきたパンケーキハウスをやろうということになったのです。当時、帝国ホテルがパンケーキで大ヒットしていて、そこへ何回も見に行って、これ以上においしいものを出そうと「パンケー

石川幸千代氏
レストラン・ドクタープロジェクト
株式会社ゼネラルフード事業スタジオ 代表取締役
文学部卒業

第3章 サイエンス 122

キとコーヒーの店」を開店しました。行列ができて、教師時代の給料の10倍ぐらいの利益が出ましたね。もっともお客さんが大勢来てくれるようになるのには、開店から6カ月くらいかかりました。

15店舗の経営者からレストラン・ドクターへ

その後、銀行から多額の融資を受けて15年で15店舗出店するまでに事業を拡張しました。料亭、ステーキハウス、カニ料理専門店、西麻布の高級レストランの業務提携、カジュアルなレストランまでいろいろ。「大手企業との差別化」「勝ち抜くための差別化」という観点から、店舗には億単位の投資、料理人は超一流をモットーに、当時の日本にはない、新コンセプトの店ばかりを創り上げました。いろいろな新聞、雑誌から常に取材を受け、全国の経営者が個別に見にきたり、あるいはバスツアーで見学に来るのは日常茶飯事でした。

しかし、バブルがはじけてしまい、特に西麻布の高級レストランとの提携店が1億円の赤字を出し、不渡りを出してしまいそうなときに、さらに融資話で詐欺にあってしまい、結局、不渡りを出して倒産してしま

ったのです。いま考えれば倒産させずに経営を続ける方法はいくつもあったのです。
それから1年間ショックでうつ病になり、自宅でカーテンを閉めて籠もっていました。「人生終わった！」と思いました。人とお会いするエネルギーが全くありませんでした。倒産して何もかもなくしたときに、業界誌の三大メジャー『日経レストラン』『近代食堂』『飲食店経営』の編集長さんたちが、お仕事を持ってきてくれたのです。
「石川幸千代のサービスノート」のページをつくってくださったり、「本日開店私のレストラン」を出版してくださったり…。
また、「経営に困っている経営者がいるので、お手伝いしてあげたらどうですか？」と紹介してくださったりしました。
すると、私の訪問後、その店舗ががらりと変わって繁栄していったのです。そのような積み重ねが、いまの経営コンサルタントへの転身につながりました。いろんな店を創ってきたことと、いま、どんな業種・業態でも、特に「高級店」を手がけてきたことで、いま、どんな業種・業態にあっても、お役に立つご支援ができるのです。レストランの経営者・料理長とお会いしても、

第1節　石川幸千代氏に聞く　レストラン・ドクターとして「日本の食文化」に思うこと

援ができているのだと思っています。前の経験が皮肉なことに全部活きています。人生って何があるかわからない‼

「日本の食文化」について思うこと

現代の食文化、特に若者の食文化について言えば、若いときからバランスの良い食事をするということが一番大事だと思うのです。うつ病とか、キレるという方も、やはり食生活が大きいのではないかと思います。

また、日本人は長寿世界一ということですね。日本の食文化は、四季折々、さまざまな旬の素材をバランスよく摂れる食事が特徴です。

中華料理、寿司店、ステーキ店…あらゆるレストランが、「変わらざるを得ないときにいま来た」と思います。たとえばステーキ店も、お肉だけをウリにするのではなく、いやしの空間のなかで、お野菜にもこだわり、お肉を健康的でバランス良く美しくなる食事として提供するレストランを時代は求めていると思います。

じつは、これって家庭料理ではかなり満たされてきたことなのです。ところが、外食だとそれが満たされていない。

「健康で美しくなるためのバランスの良い食事といやしの空間」を提供することこそが、これからのレストランのミッションになってきていると思います。そのミッションをクリアしないと繁盛店にはなりません。

しかし、そういうことを理解している経営者はまだ1～2割程度ではないでしょうか。

時代は「いやしと健康」がテーマの時代になりました。

温泉、病院、パチンコ店、本屋、公共施設…etc、あらゆるビジネスが、レストランとコラボレーションをすることで、本来のビジネスに付加価値を与え、新しいステージでの繁栄に結びつけています。

いままでなかったコラボレーションを構築し、新しいビジネスの創出をご支援させていただくことが、レストラン・ドクタープロジェクトのミッションだと思っています。

大学での「食育」の重要性

やはり若さってすごいものです。学生の方々はエネルギーもあるし、気力もあるので、コンビニ（コンビ

ニエンスストア）の弁当でもサラッと食べて、それで済ませている。バランスとか考えないし、またその必要もないわけですからね。しかし、早い時期からバランスの良い食事を心がけることで、うつ病も防げるだろうと思いますし、キレたりすることもなくなるのではないかと思います。やはり食文化は大切で、調理師組合や農林水産省なども含めて、いま日本の食文化を世界遺産にしようという動きが始まっていますよね。

いまの若者の食生活はかなり崩れていると言われていますが、やはりコンビニ文化の影響が一番大きいと思います。私どもが学生の時代にはコンビニがなかったですからね。いま学生の大部分は大学の食堂かコンビニで食事を済ませていると思うのです。ですから、学食の食事をバランス良く提供していくということが、いまとても大切だと思います。学食こそ、いわゆる「食育」を徹底すべきです。

大学は、まだそこに気がついてないのではないでしょうか。最近ではタニタ食堂から始まり、いま、社員食堂は進化しています。ビジネス上お付き合いのあるポーラ化粧品も「美食同源、医食同源」の食堂をつくりあげて、昨年、『POLAの美肌食堂』（ワニブック

ス）という本まで出しています。社員の健康のためにバランスの良い食事を提供することをめざしているそうです。これからは大学も理念を持って食育に力を入れていくべきではないでしょうか。今後私も大学の食育活動に是非、参加させていただきたいと思っています。

食は文化と科学の接点にある
～新しい教養としての食の文化と科学～

(1) 生きるための科学を学ぼう

こんにちは。私は「生命科学」、「バイオテクノロジーとバイオビジネス」などの講義科目を担当しています。読者の皆さんのなかには、高校で理系科目をしっかり学んでいる人もいるでしょう。しかし、科学技術はものすごいスピードで進歩していて、高校までではすでに扱えないことが増えており、しかも、それらが社会ですでに応用されてきています。術は、医療や食などの面で、私たちの生活そのものに直接関わってきます。ですから、私の科目はすべての方に学んでいただきたいと思ってやっています。

授業では食に関連することにも触れます。そもそも食とは、生きていくために必要な化学物質を、体内に取り入れることです。食べなければ生きていけませんから、有史以前から、それぞれの地域でとれたものについて、食べ方が工夫され、長い時間をかけて安全性が検証され、引き継がれてきました。このように食は必ず文化の側面を持っていますが、科学としての側面も持っています。たとえば、さまざまな成分の体への効果などの科学的エビデンスが、この30年くらいに蓄積され、いわゆる機能性のある食品も開発されてきま

浅賀宏昭

（注1）中食とは、家庭外で調理された食品を持ち帰ったり、届けてもらったりして、家庭内で食べる食事のことです。

（青島龍之介さん作成）

した。言い方を変えれば、この30年ぐらいで食に関するさまざまなことがわかり、何を選んでどのように食べるかで、私たちのクオリティ・オブ・ライフ（QOL＝生命の質）を変えられる世界になったのです。

コンビニエンスストアに行けば、栄養機能食品、特定保健用食品（トクホ）、そしてサプリメントなどが並んでいます。これらは体にどのように良いのか。そしてどういうときに利用すべきなのか。こうした質問にスラスラと答えられる人はいません。どれも高校卒業までに学習する機会がないからです。

私は授業で、人体がどのような物質から成り立ち、また体を維持するための代謝に何が必要なのかについて話をしています。そして、食品の機能性成分に関する研究から生まれたトクホやサプリメント、および新しい食品として期待されている遺伝子組換え作物などについても、複数の視点から考察しています。こうした授業を進めながら強く感じていることは、いまの若い人は、食に関する知識が乏しいということです。そのため、味と経済を優先して食事を選んでいるようです。当然、栄養のバランスは悪く、体にも良いとは思えません。

(2)「食育」はますます重要に

前節で石川幸千代さんもご指摘されていますが、食育はこれからますます重要になると思います。その理由は、第一に、より新しい世代の人のほうが、外食や中食の機会が確実に増えているからです。第二に、かつては「味のあるもの＝栄養のあるもの」と考えてよかったので、食べたくなった味のものを食べていても問題とはなりませんでしたが、この

原則が崩れてきているからです。たとえば、カロリーのほとんどない甘味料は、糖尿病の患者やその予備軍とも呼ばれる方、あるいは体重を増やしたくない方のために開発されましたが、運動して疲れたときのように、体の状態は改善されません。また、疲れてのどが渇いたときに、血糖値が低くなってカロリーが必要なときに摂っているのはビタミンCや糖分の補給にもなり合理的ですが、果汁風味が付いた炭酸水を飲むのでは、栄養を摂ることはできません。このように、いまは、栄養がないのに味だけがある食べ物や飲み物が多くありますので、味だけで選ぶと栄養失調にもなりかねないのです。

ですから、新しい「食育」のあり方も考えていかねばならないと思います。

話は変わりますが、大学ラグビー界では帝京大学がここ数年好調で、全国優勝も果たしています。この原因に食事を挙げる人がいます。選手たちの食事の栄養管理が完璧にされているからというのです。本学のラグビー部が、それほどのサポートができていないとすれば、この差が原因である可能性は否定できないでしょう。もし、周りがサポートできないなら、選手が食事についても考え、自分で管理していく気持ちがなければ、厳しい戦いが続くと危惧しています。このためにも新しい「食育」が必要だと思います。帝京大学のような栄養管理は、スポーツをするすべての大学生に対して提供することは困難だからです。

日本においては、戦後の小中学校で栄養バランスの良い給食を提供したことは評価できますが、食育には力を十分に入れられなかったようです。しかし、中学校を卒業すると自分で食を選ぶ機会が増えます。十代の後半における食の目的の1つは自分の体をつくることですから極めて大事です。そこで、以下では、私の授業の内容の一部も紹介しながら、

(注2) 日本初のファーストフード店が沖縄県内にできた関係もあり、ファーストフード店はいまも沖縄県内に多い状況です。

改めて食について、科学的に考えてみたいと思います。

(3) 健康長寿をもたらす日本の伝統食

半世紀も前から、日本の食事（ここで言う「日本の食事」とは「和食」よりもやや広い概念）は健康に良いと、世界中の栄養学者から注目されていました。理由は、日本人の寿命が第二次世界大戦後、急激に伸びたからです。しかし、医療の普及も寿命を延長させますし、食事と寿命の相関の実証には長い時間がかかるので、いわゆる栄養学の常識の範囲内で説明しやすいことがくり返し言われてきました。たとえば、肉類よりも魚貝類を食べ、そのうえ、野菜や豆類もバランスよく食べることが健康に良く、それが長い寿命をもたらしているだろうということです。厚生省（現在の厚生労働省）も、1985年から「1日30食品（の摂取）を目標に」、「主食、主菜、副菜を基本に食事のバランスを」、「多様な食品を組み合わせましょう」（2000年以降は）の合言葉で、国民に栄養のバランスの大切さを伝えてきました。

ところで、沖縄県が男女とも日本一の長寿県として有名でしたが、2005年に変化が起こったことをご存知でしょうか。沖縄の男性の平均寿命が第25位まで急落したのです。原因は食事でした。ハンバーガーなどの外食が増えたため、豆腐や豚肉などを使った伝統的沖縄料理を食べなくなったからだったのです。このことは、改めて日本の伝統的な食事が健康に良いという認識を世界中に広める要因となりました。

(注3) フレンチパラドックスとは、バターや生クリームを多く使うフレンチを普段から食するフランス人に心臓病が少ないことです。

(4) がん予防効果やアンチエイジング効果がある食品

1990年ぐらいまでの研究で、食品にはさまざまな機能性があることがわかり、3つに分類されました（表1）。すなわち、栄養が摂れる機能（1次機能）、おいしさを楽しめて気分が良くなる機能（2次機能）、および体調を調整して健康維持に役立つ機能（3次機能）です。これに従えば、栄養というのは、摂らなければ欠乏症などの問題が生じる成分のことで、タンパク質、糖質＝炭水化物、脂質、ビタミン、ミネラルの5大栄養素を指します。ところが近年、栄養ではないのに健康に良いものも見つかってきたのです。よく聞くポリフェノールの類に代表的で、茶のカテキンや、赤ワインのレスベラトロールがこれに含まれます。レスベラトロールは、いわゆる「フレンチパラドックス(注3)」を説明しうる成分として有名で、細胞内で特定の遺伝子に働きかけることがわかってきています。カテキンは、肝臓における脂質代謝に関わる酵素の量を増やすことがわかっており、これを多く含む緑茶がトクホとして販売されています。

一方、体内に発生する活性酸素が、体内のさまざまな物質を酸化させることで、その機能を低下させ、これが体の劣化＝老化の原因とする説（酸化障害説）が提唱されてきました。長期にわたる縦断的研究は未だ済んでいませんが、抗酸化機能を持つ成分を含む食品を適切に摂れば、老化が抑制される可能性

表1　食品の持つ3つの機能

1次機能	栄養機能…栄養素を補給できる
2次機能	嗜好・食感機能…おいしさを楽しめる
3次機能	生体調節機能…健康を保つのに役立つ

あります。このためサプリメントも、抗酸化機能がある成分を含むものに人気があります。茶のカテキンにも抗酸化機能があり、海外ではこれをサプリメントや医薬品とする例すら出てきています。

ところで、各栄養素を不足のないように摂ったうえで、カロリー摂取量だけ7割程度に制限すると、生活習慣病になりにくく、長生きにつながると考えられています。これに関連して興味深いことがあります。日本には極端な肥満の人が少ないのですが、これは食事に理由があるようです。1つは、日本でよく食べられているマグロやカツオ、サバなどに多く含まれるヒスチジンというアミノ酸です。これは脳内でヒスタミンに変化して食欲中枢に働き、食欲を抑える効果があるのです。食べすぎが防がれているのかもしれませんね。これらの魚を普段はあまり食べていないという人でも、ダシを鰹節や鯖節などからとることが多いので、お味噌汁、お吸い物、あるいは煮物などをいただくと、ヒスチジンを体内に摂取していることになりますから、やはりこの影響は無視できないのではないかと思います。

魚の良い点はほかにもあります。それは脂肪です。魚の脂肪は融点が低く、低温でもさらさらしているのです。これらは分子構造から不飽和脂肪酸の一種のオメガ3脂肪酸と呼ばれ、代表的なものはドコサヘキサエン酸（DHA）とエイコサペンタエン酸（EPA）で、摂ると体内で細胞膜の流動性を高めて柔軟にする効果があります。また、日本で心臓発作により亡くなる人が少ないのは、魚を多食するからとも言われています。外国のある学者は、日本人の頭の良さはDHAを多く含む魚を食べるからだといい、脳にはDHAが大量に検出されるので、

べているからだと主張したこともあります。そう言えば、「魚を食べると〜、頭が良くなる〜」といった歌が一時期流行りましたね。

最近、特に注目されているのは、日本でたくさん食べられている大豆です。アミノ酸スコアでほぼ満点という、牛肉にも匹敵する良質なタンパク質をたくさん含んでいる大豆は、イソフラボンという機能性成分も含んでいます。これは、体内の細胞のエストロゲン受容体に結合して、エストロゲン（女性ホルモンの一種）と似た作用をするのです。たとえば、イソフラボンは、エストロゲンの分泌量が急激に低下している女性の更年期障害の症状を緩和したり、男性では前立腺がんの発生を抑制したりします。都合が良いことに、このイソフラボンは、エストロゲンよりも働きが適度に弱いので、食べ過ぎが問題になることはほとんどありません。しかも体内でエストロゲン分泌量が多い女性には、その働きを妨げて、乳がんの発生を抑制してくれます。また、食事の際に大豆を食べると、食後の血糖値の上昇が緩やかになる効果もあり、これは体脂肪の蓄積や糖尿病の抑制につながります。

このように大豆は、まさに健康のための穀物なのです。

> **コラム　大豆を食べると、食料問題も解決？**
>
> 地球上における食料生産量は約70億人分と推定されたことがありました。ところが、世界人口は2011年10月31日にこの70億人を超えていました。人口はまだ増えますから、食料問題はさらに深刻になっていきます。じつはここで、大豆を食べる日本の文化に期待がかかっているのです。

第3章　サイエンス　132

（注4）ただし、世界無形文化遺産への登録は、「和食」の文化的な側面のほうが高く評価されたようです。
（注5）NHK放送文化研究所世論調査部による調査（2008年）に基づいています。

マメ科植物は、窒素固定細菌を根に共生させているため、窒素を含む肥料分が不足していても育ちます。大豆生産量は米国が多い（世界全体の4割弱）のですが、米国内では直接食べられることはほとんどなく、主に家畜の飼料などとして使われています。しかし、牛肉1キロを得るためには、餌として10キロもの大豆などの穀物の餌が必要です。したがって、地球上の人間がタンパク質源として畜肉ではなく大豆を食べれば、食料問題も大きく緩和されると予想されるのです。日本の大豆を調理して食べる文化は、科学的に考えると、健康増進だけでなく、食料問題まで解決する可能性があるのですから、もっと広まっても良いように思います。

以上のように、日本の食事の良さは科学的にも裏づけられつつあります。強調すべきは、日本の食事は、日本国内でとれる食材を主に用いて、外国から入ってきた文化も融合して長い時間をかけて自然にでき上がったという点です。日本の食事が、健康的で素晴らしいことは偶然とも言えますので、これは日本という土地やご先祖様に感謝したくなるような事実です。なお、日本の食文化の1つである「和食」が世界無形文化遺産に登録されることになりましたが、体に良いことの科学的なエビデンスも揃ってきていることからも、認定されて当然だと私は思っています。

(5) ゼミで新しいカレーのメニュー創り

ところで、日本人はカレー好きであることが調査でわかっています。日本のカレーは、スパイスから調合してつくるインド式のカレーとは異なり、英国人が発明したカレー粉を

使い、とろみをつけたシチュータイプです。なぜ、とろみをつけるかわかりますか。カレーに合わせるのがインドで食されている長粒米（インディカ種：*Oryza sativa* subsp. *indica*）ではなく、日本の米（ジャポニカ種：*O. sativa* subsp. *japonica*）を炊いたご飯だからです。日本のご飯はつやつやして粘りがあり、汁を吸わないので、とろみをつけたほうが一緒に食べやすいためです。このように日本のカレーは特徴のあるものです。このほか、カレーパン、カレーうどんやカレー南蛮そばなども、じつは日本人が考案したものです。つまり、これらのカレーはすでに日本の食事の一部を成していると言えます。

表2　ゼミで作成したカレーの材料に含まれる機能性成分

品　名	機能性成分（主な作用）
カレー粉	クルクミン（抗酸化作用、アルツハイマー病予防、がん予防）、ピペリン（発汗作用、代謝促進作用）、カプサイシン（発汗作用、代謝促進作用）
ターメリック（秋ウコン）	クルクミン（抗酸化作用、アルツハイマー病予防、がん予防）
黒コショウ	ピペリン（発汗作用、代謝促進作用）
一味とうがらし	カプサイシン（発汗作用、アドレナリン分泌促進作用、代謝促進作用）
ココア	ポリフェノール類（抗酸化作用、がん予防）
インスタントコーヒー	クロロゲン酸（糖尿病予防、抗酸化作用）
赤ワイン	レスベラトロール、アントシアニン（抗酸化作用、がん予防）
ヨーグルト	乳酸菌（整腸作用、がん予防）
温州ミカンジュース	βクリプトキサンチン（抗酸化作用、がん予防）
野菜ジュース	リコピン（抗酸化作用、がん予防）、カロチノイド類（がん予防）
豆腐	イソフラボン（がん予防）
はちみつ	グルコン酸（整腸作用）
タマネギ	揮発性アリル化合物（がん予防）
ニンジン	カロテン、他＊（がん予防）
リンゴ	ペクチン（がん予防）
赤ピーマン	カプサンチン（がん予防）
キャベツ	イソチオシアネート（がん予防）
ブロッコリー	イソチオシアネート（がん予防）
ショウガ	ジンゲロール（抗酸化作用、がん予防）
ニンニク	揮発性アリル化合物（がん予防）
マイタケ	マイタケペプチドグルカン（がん予防）
ブナシメジ	糖タンパク質多糖体（がん予防）
エビ（ブラックタイガー）	アスタキサンチン（がん予防）
ホタテ貝	グリコーゲン？（がん予防）＊＊
ツナ缶詰	ドコサヘキサエン酸、エイコサペンタエン酸（がん予防）
ゼラチン	＊＊＊
オリーブオイル	ポリフェノール類、ほか＊＊＊＊（抗酸化作用、がん予防）
醤油	イソフラボン＊＊＊＊＊（がん予防）

＊ニンジンなどのセリ科の野菜には、カロテン以外にも多種多様な成分が含まれているため、単一の成分で効果を発揮するのか、あるいは複数の成分の相乗効果であるのかの特定が困難であるという。
＊＊ホタテ貝の煮汁（グリコーゲンを含む）にがん予防作用があるという。
＊＊＊ゼラチンはコラーゲンに水を加えて熱変性させたもので、食べると美容に良いと言われることがあるが、何らかの効果が示された研究では、ゼラチンではなく、ゼラチンを限定分解して得られたコラーゲンペプチドを材料としている。
＊＊＊＊抗酸化作用のあるビタミンEも含まれている。
＊＊＊＊＊醤油に含まれるイソフラボンの量は極微量。
（出所：金生谷ほか、2012。）

第3章　サイエンス

●写真1 ゼミで作成したがん予防および抗老化作用が期待できるカレー●

さて、カレー粉に使われているスパイスのターメリックとはウコンのことで、これにはクルクミンという成分が含まれています。クルクミンには抗酸化機能と発がん抑制（がん予防）作用もあります。さらにアルツハイマー病の抑制効果もあることがわかってきました。カレーを食べる人にアルツハイマー病の人が少ないこと、しかもクルクミンは、アルツハイマー病の原因物質（アミロイドβ）を減らす効果があることも動物実験で証明されているのです。医薬品にも応用され始めています。

ここで私のゼミでの活動を紹介しましょう。学生と新しいカレーメニュー創りに挑戦したことがあるのです。きっかけは、明治大学駿河台キャンパスの近くの神保町に多いカレー専門店の調査をさせていただいたことと、カレーに使える食材には（カレー粉以外にも）さまざまな機能性を持った成分を含むものが多いと気づいたことです（神保町にはインドカレー、欧風カレー、そのほかの国のカレーを出す店などが混在しており興味深いです。調査の機会を与えてくださった水野勝之先生、ならびに大友純先生に感謝申し上げます）。私たちはカレー粉を使い、抗酸化作用やがん予防作用などの体に良い作用があると報告されている食材（表2）ばかりを組み合わせて、ご飯に合わせて食べる日本式のカレーを工夫して創りました（写真1）。これは後に大学院に進学した学生が中心になって、論文にまとめました（金生谷ほか、2012）。大学生がこのような取り組みに参加し、食について深く学んだことに大きな意義があると思います。

日本国内では、食の機能性表示のルールが改訂されようとしているようですが、1つのメニューに機能性表示を許可しようとする動きもあり、「食事版トクホ」とも呼ばれています。これが認められれば、カロリー成分や栄養成分表示のみならず、さ

(注6) ただし、食に関わる一連の誤表示・偽装表示問題が2013年に勃発しましたので、まだかなり時間がかかるかもしれません。

まざまな機能性をレストランやお弁当のメニューに表示できるようになります。私のゼミで創ったカレーメニューも、申請すれば「がん予防効果」などの表示が認められる可能性はあると思います。

(6) 食事をする場の明るさ

ところで、公共の食の場、つまりレストランについても、少し考えてみましょう。レストラン・ドクターとも呼ばれる石川さんは、基本的には照明を落とすと良いとお考えのようです。これが本当に効果があるのかどうか、科学的に検討してみましょう。

まず、周りが明るいと目から強い刺激が入るので、自律神経のうちの交感神経が活性化し、「闘争状態」にやや近い、緊張した状態となることがわかっています。読者の皆さんは試合や試験などの前の食事ではたくさん食べますか？あまり食べないでしょう。そもそも食欲が落ちるのがふつうです。これは緊張に関係した機能が抑制されてしまうためです。店内の照明を落とすとリラックスできますが、このときは自律神経のうちの副交感神経が働きます。すると、胃酸の分泌や腸の働きが活性化されて、消化も良いので、たくさん食べられます。このように無意識のうちに消化器系の働きがコントロールされているのです。

次に、瞳孔の大きさが食事量と関係している可能性もあります。瞳孔の機能は眼に入る光の量の調節で、暗いときに広がります。このほかにも好ましいと思っているものや、関心のあるものを見ると、瞳孔は無意識に広がります。興味深いことに、私たち人間は、瞳孔が大きい状態の顔を、より魅力的だと感じる傾向があることも知られています。カップ

ルに限定的に言えることかも知れませんが、店内がやや暗く、お互いの瞳孔が大きめの状態であれば、そのシグナルを読み取り合うことで雰囲気もより良くなり、食（酒？）がすすむことが考えられます。とすれば、客単価が上がったり、リピーターが増えたりしそうですね。

また、そもそも暗くすると電気代が浮いてコスト削減になります。しかも、店内のちょっとした汚れや、お客やお店の人が自分で気になっている顔の皺やしみ、あるいは化粧崩れまで見えにくくしますから、店員も含め、皆がリラックスできるのですね。一石二鳥どころではない大きなメリットがあるとも言えます。このように、店内の照明を落とすのは、レストラン経営では効果的と結論づけられます。

(7) 現代の食は文化と科学の接点

さて、視点を変えて時代を少し遡って考えてみましょう。食は、人類の出現とともに発生し、この問題はさらにさまざまな工夫で解決されるという変化をそれこそ何百万回、何千万回と繰り返して、文化として定着したと考えられます。

初期においては、何が食べられるのかという問題が大きかったはずです。たとえば、フグはテトロドトキシンという毒を持つ種と持たない種がいますが、前者では種によって内臓のどこに毒があるかが異なっています。これらはどのように明らかにされてきたかと言えば、ほとんど試行錯誤でしょう。かつては食べられるものが乏しかったので、毒のある内臓についても長い時間をかけて食べられるように工夫もされてきました。毒のあるフグの卵巣の食べ方として、糠漬けや粕漬けなどが試行錯誤を経て毒抜き法として確立され、い

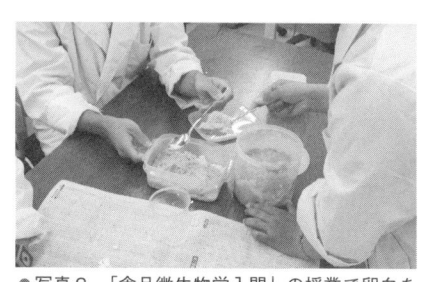

●写真2 「食品微生物学入門」の授業で卵白を使った味噌をつくっているところ●

ではすっかり定着しました。いったいどれだけの犠牲者が出たか想像もできませんが、どうしてこのような方法で解毒されるのかは、微生物の働きが関係していることぐらいしかわかっていません。

次の問題は保存です。食材は、ほとんどが動植物由来のもので傷みやすいからです。冷蔵庫や冷凍庫のなかった昔は、さまざまな方法が試されました。その1つが微生物を用いた発酵です。たとえば大豆は、茹でたては甘みがあっておいしいのですが、時間がたつと臭みが出てまずくなり、やがて変質して食べられなくなります。そこで納豆や味噌などをつくる方法が開発されました。これは、特定の微生物が繁殖しやすいように条件を整えると、他の微生物（食中毒を起こす細菌など）は繁殖しにくい環境になることを利用しています。微生物についての知識が乏しい時代に、試行錯誤でこれらの製造法が確立されてきたのですから、素晴らしい文化です。私も、2013年度は商学部の特別テーマ実践科目「食品微生物学入門」を開講し、学生の皆さんとともに、さまざまな味噌（おからや卵白を使った味噌）やちょっと変わった納豆（黒い大豆や青い大豆を使った納豆）などをつくり（写真2）、その素晴らしさを再確認しました。

さて、現在は、食に機能性を求める時代となりました。日本の特定保健用食品（トクホ）制度は、科学的エビデンスを審査して、食品に保健機能の表示を認める、世界初の制度です。2013年現在、すでに1千品目以上のトクホが認可され、販売されています。初期のトクホ商品はおいしくないものが多かったのですが、かなり改善されてきています。考えてみれば、私たちの身の回りの食は文化と科学の接点にあるとも言えるでしょう。日本の食はおいしいものだらけですから、このような環境に生きる私たちは幸せのような気がしま

す。しかし、感覚というのは相対的な側面を持っています。どんなにおいしいものであっても、同じものを食べ続けると飽きてきます。この点について理解させていくことは、食育でも大事だと思いますので、指摘しておきます。

(8) 外食や中食だけでは、不健康になりがちな理由

外食や中食には共通した特徴があります。味が濃いということです。これは、なぜかわかりますか？

もし食事の1口目の味が薄いとどうでしょう。その店の味は物足りないという印象を引きずって食をすすめることになります。追加オーダーは慎重になるでしょう。リピーターにもならない可能性が高くなると思います。ですから、1口目で満足させるために、濃い味付けのメニューが多くなるのです。もちろん、完食する頃には1口目の感動はありません。飽きてくるからです。じつは、この味に飽きるという現象は、濃い味付けでなくても起こります。ですから、結局のところ、1口目で勝負することを料理人は強いられるのです。

ご自宅でいただく料理はいかがでしょうか？　食べ慣れているものが多いでしょうから、一口目の感動は大きくないかもしれません。しかし、たくさん食べてもお腹にやさしく、塩分も少なめで健康を維持しやすいでしょう。メニューは自分で選べないことがほとんどでしょうから、なかば強制的に（たとえ飽きているとしても）食べるわけですが、これが長期間続くと、やがて自分の故郷の味＝家庭の味として記憶されます。家庭と言えば、安全でほっとするところ。その場所の特徴と味の記憶が、条件反射で結びつけば、それを食

べるだけで落ち着けるようになります。これが、家庭料理の素晴らしいところで、飲食店は真似しにくいところです。

最近は、健康食がウリの店も増えてきたように思いますが、経営を考えると、味付けではどこも苦労しています。たとえば、塩分控えめでも満足してもらえるように香辛料を使うとか、食材のアーキテクチャー（構造・形態）を工夫して歯ごたえや舌触りを良くするとかです。しかし、それでも、周りには濃い味つけの店があるので、客はそちらに惹かれてしまうこともあるでしょう。外食や中食だけでの食事は、不健康になりやすい理由はこのあたりにあります。では、この難しい問題は、どう解決したらよいでしょうか。

(9) これからの学食について（まとめに代えて）

学食は、なかば強制的に食べさせるものではありません。であるならば、「おいしい」と思わせないと、学外の店との競争もありますから、経営は厳しくなるのは当然です。だからと言って、濃い味つけをするのも、不健康につながるので感心しません。レストラン・ドクターの石川さんが言う「照明を落とす」というアドバイスも、それなりに緊張して受ける授業の前に食べることもあるでしょうから、その効果から考えると、もろ手を挙げての賛成はできないように思います。だとすると、どうしたらよいのでしょうか。1つのヒントは、「情報」です。

京都大学の伏木亨さんによれば、人間の「おいしい」という感覚には、多くの情報も影響するということです。たとえば、使われている食材はどこの地方の特産とか、いまが旬で、ビタミンが豊富で栄養満点とか、あるいはポリフェノールを多く含むとか…。このよ

うな情報をあらかじめ持ったうえで食べると、人間はよりおいしく感じるのでしょうか。対象をよく知り、納得したうえで食べているというおいしさを増すのかもしれません。情報を得て、いまの自分の体に合った食事を選び、それを楽しみながら、なおかつ健康につなげられるわけですから、これは大変重要なことと思われます。「食育」の意義も、突き詰めれば、これにつながっていると言っても過言ではありません。

賢明な読者の皆さんは、もうおわかりでしょう。学食では、複数のメニューを用意し、それらに関する有効な情報を同時かつ豊富に提供することです。たとえば、カロリーやタンパク質量、脂質量、5大栄養素のバランス表示、食物繊維の量、重要なミネラルであるカルシウムの量、期待できる機能性などです。かつては、「カロリー表示は客単価を下げるからやめたほうが経営には良い」と言われたこともありましたが、現在ではダイエットをしている人も増え、カロリー表示のあるレストランにリピーターが増えているという例もあり、一概にマイナスというわけでもないようです。食物繊維は、摂るとお腹の具合を調節しますので、授業で緊張しすぎてお腹の調子が悪くなりがちな人には、有効な成分です。タンパク質量は、筋肉をつけたい運動部の学生には、関心が高いことと思われます。

機能性の表示については、サプリメントなどの商品として販売する場合は、薬事法の関係で制限がありますが、医薬品と紛らわしくない形状をした食品については、例外的に認められているので、積極的に表示すべきでしょう（いわゆる、「明らか食品」の例外）。ただし、すでに述べたように、基本的な知識が乏しい大学生が多いので、学食の内部にちょっとした掲示スペースを設けて、食材や調理法に関する興味深い話題を提供しつつ、栄養学の豆知識や最新の食の成分の機能性に関する情報を得られる空間としても有効なものにす

るのが良いと思います。

将来的には、学生の嗜好の多様化をも考え、カフェテリア形式として、会計のときに、金額のほかにカロリー、5大栄養素のバランス表示などが瞬時に計上され、レシートにプリントされるようなシステムがあると素晴らしいと思いますが、いかがでしょうか。

【参考文献】

浅賀宏昭「効くのか、効かないのか―はっきりと表示できない食品の問題―」『明治大学大学院教養デザイン研究科紀要』第1号、2009年、110-116頁。

伏木亨『人間は脳で食べている』筑摩書房、2005年。

Hess, E. H. "Attitude and pupil size" Scientific American, 212, 1965, pp.46-54.

金生谷達也／一色拓人／小西あさみ／浅賀宏昭「カレーの保健機能について―がん予防および抗老化作用が期待できるカレーの試作の実践報告―」『実践生物教育研究』53、2012年、8-15頁。

Simms, T. M. "Pupillary response of male and female subjects to pupillary difference in male and female picture stimuli" Perception and Psychophysics, 2, 1967, pp.553-555.

第3節 岸 泰裕氏に聞く 金融業界から見える世界の動きと社会貢献・地域貢献への思い

学部と卒業後の進路の連結

私の現在の勤務先であるスタンダードチャータード銀行は、本社がイギリスにある旧植民地銀行系の金融機関です。しかし、卒業当初は日興シティホールディングス株式会社という、日本におけるシティグループと日興グループの証券会社を傘下に持つ持株会社に入社しました。仕事はずっと経理財務の仕事をしています。大学時代は、将来証券会社か銀行業界に進みたいと思っていたため、明治大学商学部商学科で〈ファイナンス＆インシュアランス〉コースの保険のゼミに入り、リスクマネジメントを専門に勉強しました。

ゼミでの勉強といまの仕事との関係として一番大きなことは、3年生のときに懸賞論文として証券業界に関連する論文を仲間と一緒に書いたことです。「大学の奨学金制度の証券化」という内容の論文です。大学がいま困っていることをどうしたら解決できるかを考えることがリスクマネジメントであり、解決策として一番多くの方法を提案できる業界が証券会社だと思い、就職先としても証券会社を選びました。証券化に関する論文を書いていたこともあり、幸い就職活動ではあまり苦労しませんでした。

働き出してからも、現在も、学生時代のリスクマネジメントや保険についての勉強は、仕事のなかで大変役に立っています。金融業界は一見難しそうに見えるのですが、根本的な部分は決まっているので、その勉強をしていればかなりの部分が対応できます。ただ変

岸　泰裕氏
スタンダードチャータード銀行 勤務
2008年 商学部卒業

化への対応も、もちろん重要です。金融リスクの考え方とか、金融商品についてのいろいろな規制が変わったり、法律が変わったりとか、それに応じてどんどん知識は更新していかなければいけないので大変です。

ただ同時に、いまの時代の先端にいる実感があり、すごく面白いところでもあります。

金融業界内での転職の理由

学生時代の勉強と就職活動と実際の就職先はリンクしていましたが、配属された部署は経理財務部で、自分が当初イメージしていた業務ではありませんでした。しかし、経理財務部は会社の経営に直接携われる部署であり、また会社が行っている取引についての金額や取引の理由についても知ることができるので、大変面白く勉強になっていました。ところが、入社直後にリーマンショックと呼ばれる世界的な金融危機が起こりました。その際に最初にいたグループが傘下の証券会社の大半を日本の銀行に売却したため、自分も一緒に日本の大手銀行グループに移籍することになりました。このときは周りの方も皆移ったので、感覚としては転職というよりもただ会社名と親会社が変わったぐらい

の変化でした。とはいえ親会社が変わると文化も仕事の内容も大きく変わりました。そのうち、「このまま自分がここで仕事をしていて何か学ぶことができるのだろうか」と疑問を持つようになり、さらにいろいろな経験をしたいと考えて、別の会社に移ることにしました。

いまの会社では、いろいろな体験ができて大変面白いです。いまでの担当での一番メインの業務は、日本における自分の会社の財務諸表、つまり資産をいくら持っていて、何でいくら儲かったのかといった成績を計算して分析し、本社にレポートするという業務です。またどの会社がどのくらいのリスクを持っているのか、また国別にどれくらいのリスクを持っているのかということも計算して監視をしています。たとえば、経済制裁を受けているような国と取引をしていないか、最近状況が不安定な国にお金を貸していないか、もし貸しているのならそのお金は本当に回収できるのかどうか、といったことを考えます。金融業界というのは、世界の状況がすごくよくわかるところなのです。

第3章　サイエンス　144

大切なのは「将来の夢」

いま世界は、すごい勢いで動いていると思います。リーマンショックからまだ5、6年ですが、それまでのアメリカ中心で動いていた世界が終わりはじめて、いまでは中国やインド、いわゆるブリックス（BRICs）が世界の中心となっています。しかし、それさえもすでに終わったと言う人もいます。最近、新聞などで「これから」と言われているのは、ミャンマーやアフリカです。しかしこのブームもすでに終わりかけているとも耳にします。このように来年、再来年には注目される国がさらに変わっている可能性もあります。本当に世界はすごいペースで動いています。そしてこのペースについていくためには、日々勉強をしなければいけないという思いが強いです。

また、世界の中心が大きくシフトしているというだけではなく、世界の価値観も大きく変わってきているときでもあると思います。いままでのお金持ちが勝ち組という考えに変わって、ニューリッチと呼ばれるような新しい価値観が生まれてきたりと、価値観が急速に変化していると思います。このような状況では自分が何を見ながら生きていけば良いのかわからなくなってしまうことがあるかもしれません。しかし、そのようなときにでも見失ってはならないもの、忘れてはいけないものがあると思います。それはおぼろげでも良いので、「自分は将来何をしたいのか」ということではないでしょうか。

おそらく、大学に入っていろいろなことを学んだり、たくさんの先生方や友人たちと接するなかで、自分が将来何をしたいか、何に興味があるのかが見えてくると思います。これは自分から意識して探す必要はなく、おそらくいろいろな挑戦をしていくなかで、自然に見つかってくるものだと思います。場合によっては大学在学中には見つからず、卒業して働き出してから見つかるかもしれません。これは業界や会社内に限ったものではなく、もっと大きな目線で見つけてほしいと思います。そうすれば、おのずと進みたい進路も決まってくるのではないでしょうか。

最初は自分の大きな目標は漠然としていても良いと思います。しかしおぼろげでも、そこに向かってどのような経験が必要なのか、どのようなキャリアが必要なのかと考えていくことは大切だと思います。夢は、

儲けてお金持ちになりたいとかモテタイとかでも良いのですが、社会貢献だったり、地域開発だったり、地域の福祉に貢献したいという思いでキャリアを積んでいる人も多くいます。そしてそのような人たちほど有名企業や外資企業に多いのです。会社に囚われるのではなく、自分が何をしたいのかをしっかり見据えている方です。

金融の仕事を通して見た「世の中の新しい動き」

いま一番の大きな流れとしては、いままで主流だった価値観がいろいろと否定され、再考され出していることだと思います。たとえば、リーマンショック以降、いままでの金融の主流であった価値観、金融工学の一部が否定されてきています。昔もロングターム・キャピタル・マーケットという、ノーベル賞を受賞した経済学者たちが加わったファンドがあったのですが、それもいまは潰れてしまいました。なんとなく違和感は皆感じていたのでしょうが、リーマンショック以降はいろいろな物の価値を計算し、統計や数字だけで行動していたことに対して、本当にそれで良いのかという疑問が生じてきています。これら

基本的な部分は、リーマンショックも、また東北の大震災もそうですが、「1000年に1度なんて来ない」、「そんな大きな津波が来るはずない」といった、いままでは「ありえない」と考えられていたことも起こり得るのだと皆が再認識したことだと思います。いろいろなことを考えるときに「ありえないなんて、ありえない」という前提が追加されました。これはものすごい価値観の変化です。

また、近年それらはもっと感情的に動くのではないかという意見が増えてきています。いま一番面白い研究は、ネット上でのSNSのいろいろな書き込み、たとえば今日は「楽しかった」「悲しかった」というような感情を全部数字に置き換えて日々の動きを計算したところ、株価の動き方と連動性があって、同じように動いていた、という研究結果が出ています。株の動きというのは誰にもわからない自然現象のようなものだというのがいままでの考え方だったのですが、いまはその後ろに1人ひとりの投資家がいて、その人たちが何を考えているのかということを、もっと見たほうが良いのではないかという動きになってきていると思います。ただ、これらの動きはまだ実務の世界には入

ってきていません。まだ学問の世界にとどまっていて、ようやく実務に片足が入ってきたというぐらいです。最近はまた、金融工学を応用したビッグデータが流行っていますが、これも数字ではなく人の行動や感情によって、いろいろなことを予測するもので、まさに先ほどの考え方に近いものだと思います。

これからの目標

元杉並区長さんで衆議院議員になられた山田宏さんという方が、金融工学の知識を使って税金をゼロにしようと言われました。私は出身が滋賀県なので、滋賀県で自分の専門知識などを活かして何かできることはないかといろいろと考えたりしています。外資系企業のビジネスパーソンの多くは、仕事を目標にするのではなく、将来的に達成したい社会貢献とか自己実現の目標を持っていて、いまの仕事や研究はそれを実現するための手段のように考えていると先ほど申し上げました。自分もまだ具体的な夢や目標が形となっている状況ではありませんが、おぼろげに地元を面白くしたい、と考えています。

話が脱線してしまうかもしれませんが、大学1年生のときのある授業で先生が学生を注意したときに言われた言葉がすごく印象に残っています。ノブレス・オブリージュ（noblesse oblige）、貴族の理論（高貴なる義務）とでも言うのでしょうか。「君たちは大学生なのだから、ある程度は選ばれた人間なんだ。そういう人間にとっていまやらなければいけないことは勉強なのだ。今後もそれをちゃんと考えて生きていかなければいけない」というようなことを言われたことがありました。

その後、地元の成人式に参加したときに、地元の小学校で大学に行っている人間が、自分を含めて数名しかいませんでした。特に1年生のときは、私の周囲の人は当然明治大学の学生ばかりだったので、それが社会一般から見て普通だと思っていたのですが、地元に帰ってみると大学に行っている人間というのは一握りで、1割もいない。世間というのはそういう世界なの

だということに改めて気づかされました。いま自分が勉強していることで、「地元に恩返しできることは何かないのだろうか」と当時からなんとなく、そんなことを考えています。

学生へのメッセージ

OB・OG訪問とかで学生に会うと感じるのが、「現在」という時代にもっと興味を持ってほしいなということです。先日も学生に「いま、日経平均どのくらいかわかる？」と聞いたときに、「8千円ぐらいでしょうか」と言うのです。8千円だと1年ぐらい前の金額です。いま（2013年9月）は1万5千円ぐらい。つまり、1年前から「現在の景気」を表す指標が倍になっているのにそれを知らないわけです。もっと社会や現在に興味を持ってほしいと思います。また時代時代のトピックス、いまだったら「アベノミクス」ですけど、アベノミクスが何なのかというのを、大学生なら知っていてほしい。そして、その「アベノミクス」が本当に良いのか悪いのかについて考えて、自分なりの答えを持ってほしいと思います。いま、まさにインターネットとか、スマートフォンとか、パソコンもあ

って、情報は誰でも簡単にとれるようになっています。その結果、いま社会では、情報や知識の量ではなくて、その情報から何が考えられるか、何をつくれるか、という能力が求められています。いまの問題やトピックスについて自分の頭で考えて、自分なりの答えを持ってほしいと思います。

大学への要望

先ほど申し上げたように、いろいろなことに対して自分の頭で考え、自分なりの答えを持つためには、幅広い知識が必須になります。幅広い知識とは専門知識もあるでしょうが、加えて教養も重要だと思っています。最近は特に明治大学商学部ではダブル・コアなど、専門ゼミに加えて教養ゼミへの参加も認められているということで、自分の在学時よりも学生が幅広い知識を身につける機会が多くなっており、羨ましいと感じています。大学に対しては、これに加えて学生が「現在」に興味を持てるような仕組みを何か考えてほしいと思っています。また、自分の在学中でも大学院に行くのは極めてレアなケースでしたが、社会に出てみると大学院に通う必要性を強く感じ、社会人2年目から

第3章 サイエンス 148

自費で大学院にMBAを取りに行きました。私の場合は上司の理解があったため、大学院に行くことができましたが、大学院に行くことの重要性について、学生にもっと伝えてほしい、とも思っています。

私たちの生活に身近な保険リスクマネジメント

浅井義裕

(1) はじめに

皆さん、こんにちは。私は商学部で、「保険リスクマネジメント」という講義を担当しています。

証券会社や銀行にお勤めになってきた、岸泰裕さんのお話からは、大学で学習した保険リスクマネジメントの知識が仕事で役に立っているということがわかります。しかし、保険リスクマネジメントの知識は、銀行、保険会社や証券会社といった金融機関だけで役立つというわけではありません。たとえば、原材料を輸入して、日本国内で自動車を製造して海外へ輸出する企業の、円高・円安に対する保険リスクマネジメントはどうすべきなのでしょうか？ 円高になれば原材料は安く輸入できますが、製品は安くしか売れません。つまり、企業は状況を総合的に見て、円高への対策を考える必要があるのです。さらに、保険リスクマネジメントは、広く一般の企業で重要なのです。すなわち、保険リスクマネジメントの知識は、じつは高校生や大学生、社会人の日常生活でも重要なのです。

(2) リスクのない状況での金融商品

テレビのニュースを見ていると、「絶対に大きく儲かります、絶対に損はさせません」、「あなただけに特別にお知らせしています」と言われて、偽りの株式や社債などの金融商品を購入してしまうなど、いつまでたっても騙される人が後を絶たないことに気がつきます。

そこで、少し考えてみましょう。その商品が、「本当に」、そして「大きく絶対に儲かる」（たとえば、300万円が1年後に確実に1億円になる）金融商品なのであれば、まずはその商品を売っている人が、身銭を切ってでも、その商品を買うはずです。その商品を売っている人が、金融商品を購入するのに必要な資金（たとえば、300万円）を持っていないのであれば、親・兄弟・親戚や銀行からお金を借りて、その金融商品を購入すれば、その金融商品を売っている人自身が「絶対に儲かる」はずです。つまり、よく考えると、「絶対に儲かる」なんて、都合の良い商品を他人に売っている時点で、その人は怪しいのです。

もっと、具体的な数字を使って考えてみましょう。先ほどお話ししたように、1年後に確実に1億円になる金融商品が1つだけ売られていたとしましょう。この金融商品をあなたならいくらで購入しますか?

本当に300万円で購入できるのであれば、300万円が1億円になるわけですから、まさに素晴らしい話ですね。ところが、あまりに素晴らしい話なので、あなたのほかに、私がその金融商品を購入したいと言ってきて、5000万円で購入してもよいと言い始めます。私は、5000万円が1年後に1億円になるので、それでも5000万円儲かることになります。すると、この金融商品の売り手は、あなたではなく、私に売ったほうが儲

かるので、あなたに売ることをやめます（この商品は1つしかないので、あなたは手に入りません）。これを受けて、あなたは、6000万円など、さらに高い金額を提示するでしょう。そして、あなたと私は、競争してどんどん高い値段で買おうとするので、その金融商品に対して提示する値段はどんどん1億円に近づいていくはずです。

それでは、1年後に確実に1億円がもらえる金融商品の値段は、いったいどれだけ1億円まで近づくのでしょうか？　仮に、現時点で9000万円を銀行に預けると、1年後に1億円になるとしましょう（銀行も確実に1年後に1億円に近づいていくはずです。私は、あなたと競争して金融商品を購入しようとしていますが、9000万円を銀行に預けれ、1年後に1億円を返してくれます）。つまり、その金融商品を購入しなくても、銀行に9000万円を預ければ、1年後に確実に1億円得られるからです。

こうしたちょっとした事例からもわかるように、1年後に確実に1億円儲かる金融商品の現在の価格は、それなりの価格になるはずなのです。

(3) リスクがある状況

次に、状況が少しだけ変わったと仮定しましょう。99％の確率で1年後に1億円もらえるが、1％の確率で1円ももらえない金融商品を購入するのに、あなたはいくら払ってもよいと考えますか？　先ほどと同じように、現時点で9000万円を銀行に預けると、1年後に1億円になるとしましょう。先ほどのケースでは、私はその金融商品を銀行に預入するのに9000万円を出してもよいと言っていましたが、1％の確率とは言え、1円ももらえないケースがあるとなると、とてもではありませんが、9000万円も支払えま

せん（もし、この金融商品を9000万円で購入すると、1％の確率で1年後に1円も得られないのです）。あなたも同じなのではないでしょうか？

1億円が確実にもらえない2つ目のケースは、金融商品の価格が変動するということになります。こうした価格の変動のことを『リスク』と呼びます。99％の確率で1億円もらえるが、1％の確率で1円ももらえない金融商品に、あなたが6000万円支払ってもよいと考えたのであれば、ほとんどの場合（99％）では（1億円から6000万円を引いた）4000万円儲かることになります。この儲けを『リターン』と呼びます。価格の変動がない、つまり、『リスク』が全くなかったケースでは、1000万円しか得られなかった『リターン』が、少しだけ『リスク』が存在することによって、得られる『リターン』も4000万円と大きく増加します。つまり、『リスク』が大きくなると、『リターン』も大きくなることについて、納得していただけるかと思います。

じつは、大きなリターン（金融商品から利益が得られること）をとることも許容しないといけないというのが、リスク（価格が変動し、時に値下がりすること）の1つなのです。もう一度冒頭のお話に戻りましょう。「絶対に大きく儲かります、絶対に損はさせません」というセールストークでは、この「リスク」と「リターン」の関係が成立しません。リターンは大きいのに、リスクは小さいというのは、通常は考えられないことです。「絶対に損はさせません」というセールストークは、何か怪しいと直感的に感じますし、大学で「保険リスクマネジメント」を学ぶと矛盾だらけであることに気がつくようになります。このように、私たちがよりよく生きていこうとするときに、保険リスクマネ

第4a節　私たちの生活に身近な保険リスクマネジメント

ジメントの知識は不可欠なのです。

しかし、少なくとも私は、高校までにこうした金融教育を受けたことはありませんでした。かなり多くの大人が、高校生のときの私のような状態で生活しているのかもしれません。教育を受ければ何でもできるようになるのであれば、小学校・中学校で家庭科教育を受けた私の料理の腕前ももう少し上手なものになるはずなので、教育が万能でないことは承知しています。しかし、それでも家庭科教育のおかげで、自分では上手につくれなくても、タンパク質・脂肪・炭水化物と、バランス良く栄養素を摂る必要があることなど、基本的なことは知っています。食事と同じように、生活に身近なことだけに、義務教育の段階で、もう少し基本的な金融に関する教育があってもよいのかもしれません。「これ以上勉強する内容を増やすなんてとんでもない」とか、「もっと学習すべき大事なことがある」など、反対意見もあるかもしれません。是非、皆さんにも考えていただきたい問題です。

(4) 世界中のどこでも役立つ保険リスクマネジメント

いずれにしても、こうした保険リスクマネジメントの知識は、日本だけではなく、世界中どこの国でも通用するものです。実際に、アメリカの保険リスクマネジメントの教科書を手に取ってもらえばわかるのですが、書いてある言語は英語でも、内容は日本語で書かれた保険リスクマネジメントの教科書とほとんど一緒です（ちなみに、昔の保険リスクマネジメント分野の教科書は、その国々によって、大きく異なっていました）。つまり、保険リスクマネジメントの知識や考え方は世界中で通用する、かなり汎用性が高いものなのです。

また、先ほどは金融商品の購入の事例を挙げましたが、保険リスクマネジメントの知識や考え方が役立つことは、皆さんが企業に就職してからも、たとえば、岸さんのお話のなかにある、「北朝鮮やイラクなど経済制裁を受けている国と取引をしていて、それから得られる利益はどれくらいで、これが回収できなくなる確率はどれくらいか？」と考えることは、まさに「リスク」と「リターン」が見合っているかを考えている行為だと言ってよいでしょう。リスクが高いからという理由で多くの企業が取引から撤退すれば、独占的に取引ができるため、大きなリターンが期待できますが、その一方で、戦争が始まったりして、取引の代金が支払われなくなるという事態が生じるかもしれません。つまり、大きなリターンを追求するということは、大きなリスクを許容するということなのです。

わずかなリターンのために大きなリスクをとりたくないのは、個人でも企業でも同じです。いうまでもなく、リスクは小さければ小さいほど良く、リターンは大きければ大きいほど良いのですが、それがなかなか難しいので、あれこれとリスクマネジメントの方法を勉強し、リスクとリターンのバランスをとりながら、リターンを追及していくことになります。

「リスク」と「リターン」という言葉だと実感が湧かないかもしれませんが、「どれだけ成績が上がるのか」と置き換えると、高校生の皆さんも、自分が「嫌なこと（リスク）」と「嬉しいこと（リターン）」のバランスを取りながら行動しているこ とを実感してもらえるのではないでしょうか。つまり、少ない勉強時間で、ものすごく成績が上がると幸せですから、「学習の能率が上がるようにいろいろと工夫（リスクマネジ

155　第4a節　私たちの生活に身近な保険リスクマネジメント

メント）していると思います。

岸さんがおっしゃっているように、世界のスピードはものすごい勢いで変化しています。昔は、リスクマネジメントと言えば、保険のことを意味していたのですが、近年はさまざまな手法が開発されています。たとえば、円高や円安で、企業の収益が大きく変動するのが嫌であれば、オプションなどの金融商品を購入して、企業の収益が変動しないようにします。リスクマネジメントに保険を使わなくなったのかというと、そうではありません。たとえば、工場が火災で燃えてしまうと、工場が稼働できなくなるので、生産ができなくなり、その企業の収益が落ち込んでしまいます。また、工場を再建するためにお金が必要になります。こうしたケースに備える企業のリスクマネジメントの手段は、現在でも保険の購入が中心です。しかし、銀行から借り入れることができるような約束をしておくというのも、保険と似たような役割を果たせそうです。ほかにも、さまざまなリスクマネジメントの方法がありますし、リスクマネジメントの方法は、どんどん多様になってきています。

(5) 大学で身につけておきたい3つの能力

岸さんは、大学で身につけておきたい能力についても、3つほどお話しくださっています。

① **基礎知識**

まず、はじめに、「学生時代のリスクマネジメントや保険の勉強は、いまの仕事のなかで大変役に立っている」とのことです。岸さんがおっしゃるように、「基本的な部分はある程度決まっている」ので、大学では「その決まっていること」をまとめて、効率的に学習できるように講義で扱う内容を選んであります。つまり、最小の努力で、最大の成果が得られるように、言い換えるならば、（すぐにではないかもしれませんが）就職後、特に「管理職に就いたとき」に必要となるはずの知識を身につけて卒業してもらえるように、講義の内容を工夫しているつもりです。今回のような機会があると、教員もOB・OGからの教員へのリクエストを改めて認識することができます。

② **自分で知識をアップデートする能力**

ただし、講義だけでは十分でないのは岸さんの次のお話からもわかります。「金融リスクの考え方とか、金融商品について、いろいろな規制が変わったり、いろいろな法律が変わったりとか、それに応じてどんどん知識を更新していかなければいけないので大変です。ただ同時に、いまの時代の最先端にいる実感があり、すごく面白いところでもある」とお話しされています。つまり、大学で身につけた知識は、その時点では最先端のものですが、卒業後はどんどん古くなっていくので、自分でアップデートしていかなくてはいけないのではないでしょうか。ゼミナールでは、研究課題に応じて、いろいろと資料や本、論文を自分で知識をアップデートしていく能力の向上には、大学では、ゼミナールが役に立つ

を探して読んで、それらを簡潔にまとめてもらいます。卒業後も、新聞や本などから、絶えず自分で知識をアップデートしていくという能力の向上に、ゼミナールは絶好のトレーニングの機会となるはずです。

③ 自分なりに考える能力

最後に、岸さんは、「アベノミクスが本当に良いのか悪いのかについて考えて、自分なりの答えを持ってほしい」ともおっしゃっています。企業や役所のプロジェクトでは、新しい商品を開発する、海外に進出する、新しい政策について考えるなど、常に新しいことに取り組むことになります。つまり、誰もやったことがない、正解がない課題に取り組むため、自分なりの答えがない人は、その場に参加していないのと同じだということなのかもしれません。岸さんは日々、自分なりの意見を持った人たちの集まりのなかで相談し、より良いものをつくっていこうとしていらっしゃるのでしょう。

斬新なプロジェクトであればあるほど、道なき道を進むことになり、いろいろと調べたり、考えたり、プロジェクト内で相談したりする必要が増えるでしょう。そんな時にも、大学での学習は役に立つかもしれません。ゼミナールでは、課題を設定し、あれこれ調べながら研究報告し、時にはゼミナールの仲間と相談したり、教員に聞いたりしながら、その成果を卒業論文としてまとめます。研究が独創的であるほど、斬新なプロジェクトの実施との類似点も増えるかもしれません。この本のなかでも、多くのOB・OGや先生方が共通して、このように「自分なりに取り組むことは、「自分なりに考える」ことの重要性を強調されています。ゼミナールに一生懸命取り組むことは、「自分なりに考える」、そしてみんなで協調して活動する能

第3章　サイエンス　158

力を高めてくれるでしょう。

(6) **おわりに**

このようにして、私の講義やゼミナールでは、「ある程度決まっている基本的な部分」や「自分なりに考える」ことに力点を置きながら学習してもらいます。また、浅井ゼミナールは、全国の20以上の大学との合同ゼミナールにも参加し、実際に企業で働く方たちにも参加してもらっています。すなわち、全国の大学生や社会人から論文にコメントをもらう機会を設けて、皆さんの能力向上をサポートする体制を充実させようと試みています。

それでは、新しい考え方や知識を身につけたいと願っている皆さんと、講義やゼミナールでお会いできるのを楽しみにしています。

4b 地域の動きから「世界へ」
~フィールドワーク実践の意味~

(注1) この事業については、次のウェブサイトを参照してください。
http://www.meiji.ac.jp/social/index.html。
(注2) 2010年から異なる立場の人々が一体となって地域の課題解決や政策形成の好循環を考えることを目的として文部科学省が行う「熟議」の取り組みの1つです。2011年度は「地域と共生する大学づくりのための全国縦断熟議（大学リレー熟議）~生涯学習社会における知の拠点・ネットワーク形成~」として明治大学、香川大学、山口大学で行われました。明治大学では、『地域の活性化について考える~明治大学と地域との協働~』をテーマに開催されました。
(注3) 音楽家である宇崎竜童氏が主催するまちづくりの取り組みの1つです。2007年から明治大学の学生たちが参画し、神田Jazz祭などの企画と実施に参画しています。

(1) 地域・社会連携と大学

明治大学では、さまざまな形で地域社会との連携に取り組んできています。大学では、教育、研究に次ぐ第三の柱として、大学が持つさまざまな知的資産を公開・発信することによる社会貢献が掲げられており、地域連携事業は、その一環として位置づけられているのです。福宮賢一学長は、「熟議2012 in 明治大学」で、「大学の知的財産を社会へ還元し、地域との出会い、ふれあいのなかで得た感動を教育・研究にフィードバックする。この好循環を構築していくことが本学の社会連携の形」であると述べています。3つの柱は、それぞれ別々のものではなく、相互に関連し合うものと考えられているのです。

大学全体の事業としては、1997年から開講されている『成田社会人大学』に代表される社会人向け講座開講や体育会のボランティア活動などの、自治体との連携事業があります。また最近では、『神田町づくり道場』のように、学生たちがまちづくりやむらおこしといった地域の活動に学びの場を求め、参画する動きも活発

中川秀一

（注4）明治大学では、被災地の復興と地域活性化に寄与することを目的として、震災復興支援センターを設置しています。センターでは、学部間共通総合講座「東日本大震災『復興支援』ボランティア講座」を開講し、学生たちの被災地でのボランティア活動を支援しています。
（注5）たとえば、鈴木誠（2004）のように、長期間にわたって継続的に商店街に深く入り込んで活動する取り組みもみられます。
（注6）宮口侗迪ほか編（2010）では、政策に先立つ多くの実践を記録し、参加した若者たち自身が分析しています。

になってきました。災害時に被災地でボランティア活動を行うための準備講座や実践講座を開講しているのも、こうした学生たちの志向に対応したものと言ってよいと思います。地域の側からも、学生たちを受け入れ、その活力やアイディアを求めていると言えるでしょう。

全国の大学を見てみると、こうした動向は必ずしも新しいものではなく、1990年代半ばごろには、地方の大学などで商店街のなかに拠点を設け、衰退する中心市街地の活性化に学生たちの創意と活力を活かそうとする活動が展開されていました。また、山間部や離島の集落で若者が実践的にむらおこし活動に参画するための制度は、すでに「集落支援員」や「地域おこし協力隊」といった国の制度にもなっています。地域で暮らす人々と活動するなかから何かが得られるのではないか、という期待を多くの若者たちが抱いており、明治大学でも地域連携事業に学生たちの活力を導入することによって、学生たちの学びの場として活用されているのです。

(2) 「地域」から学ぶ

それでは、学生たちは、地域での活動実践のなかに何を見出そうとしているのでしょうか。こうした活動に取り組む学生たちが、必ずしも明確な意識を持っているとは言えないようです。

私は、地理学という科目を担当しています。地理学は、大雑把に言えば、地域や空間に関する学問分野であると言うことができます。歴史学が時間に即してさまざまな事象を整理して考えるように、地理学は地域や空間という見方を通して、世界を理解しようとする

第4b節　地域の動きから「世界へ」

(注7) 2012年10月現在の在学生のうち、埼玉県、千葉県、東京都、神奈川県出身者の割合は約67%です。同じ都県人口が全国の人口数に占める割合は約27%であることを考えると、明治大学には首都圏出身の学生の割合が高いと言えます。しかし、3割の学生の出身地が、首都圏以外の出身者であることにも注目したいところです。

学問なのです。ここでは少し、地域における活動実践に対する学生たちの意識とその背景について、私なりの解釈を試みたいと思います。

明治大学の学生たちの約7割は、東京近辺の出身者です。全国から集まってきているとはいえ、その多くは、首都圏の出身者と言えます。しかし、少し前の世代に遡れば、地方のまちや農山村などにルーツがあるという人も多いのではないでしょうか。

戦後の日本の人口動向を少し概観してみましょう（図1）。高度経済成長期以前、1950年ごろの日本の就業者のうち、農林業（1次産業）に従事する人々は4割以上を占めていました。現在は4%にも満たない状況です。この間に日本人の主要な就業は、土地に根ざした産業から製造業やサービス業に移行したのです。そして、産業の立地を反映し、地域間での労働力移動は、産業の立地を反映し、地域間での労働力移動は、産業間での労働力移動は、地方出身の若い人々が首都圏などの大都市周辺へと移動することによって、大都市圏が拡大していったわけです。

ですから、東京近郊出身の学生であっても、学生たちのご両親は地方のご出身ということも少なくないはずです。つまり、学生たちの祖父母の方々が

図1　戦後日本の人口動向

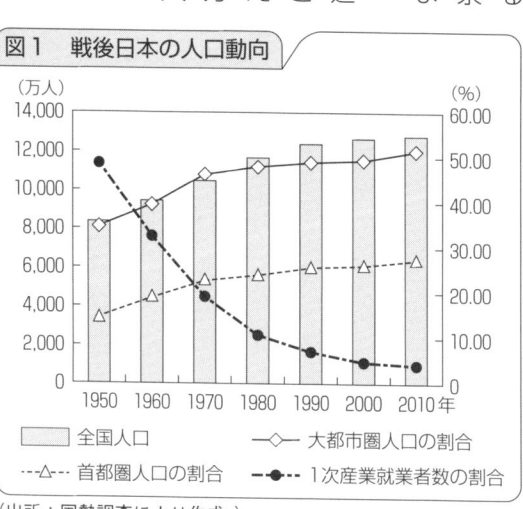

（出所：国勢調査により作成。）

全国人口／大都市圏人口の割合／首都圏人口の割合／1次産業就業者数の割合

(注8）都市化が進んだ社会では、機能や生活の実態とは別に、情景的なものとしてイメージされる傾向があります（高橋誠／中川秀一、2002）。
(注9）カール・ポランニー（Karl Polanyi、1886～1964年）：オーストリアの社会経済学者。主著に『大転換』、『人間の経済』があります。社会を統合するパターンには、互酬、再分配、交換の3つの形態があり、互酬とは、贈与関係や相互扶助の関係のこととされています。

農家だったり、地方都市で商店を営んでいたということは珍しくないのだと思います。したがって、現在の学生たちは、いま、自分が住んでいる大都市およびその周辺での暮らしとは異なる生活の場を、遠くにではあるけれども感じている世代なのではないでしょうか。それは、ときにジブリの映画のように、遥かな「ここではないどこか」として、憧憬的に想い描かれるものでもあると思われます。

3・11東日本大震災は、こうした想いに、具体的な言葉を与えるきっかけになったと思います。たとえば、「絆」とか「結」のような語です。この震災は、逆説的に大都市の繁栄や日々の暮らしの豊かさが、地方の資源や産業活動に依存していたことを明らかにしました。また、報道が伝える荒廃した漁港や農村の様子も、むしろ震災前までの暮らしの結びつきを強く想起させるものでした。そして、復興のために地域の人々が協力して立ち上がろうとする姿も、さらには海外を含む他地域の人々が支援活動に取り組むことも、社会が利害だけで説明できない関係からも成り立っていることを顕在化させるものでした。牧歌的な幻影のようだったことがじつは大切なことだと、多くの人々が個人のレベルでは感じ取ったはずです。普段は暮らしのなかに密かに息づいているために気づかなかったものが、震災を契機に地域内外の人々が関わる形で姿を現したのです。それはK・ポランニーによる社会統合様式の語を借りて言えば、新しい「互酬」関係と言えるかもしれません。

学生たちが地域社会の維持や発展という実践活動に関わろうとする意欲はきっと、そこに「互酬」を学びとる契機があると感じているからだと思います。それは市場や政府による再分配といった明確な制度を伴う様式とは異なっているため、現地に出かけて参画することによって実践的に学ぶ方法が有効です。いわゆるフィールドワークです。

(3) フィールドワークを通じて「地域」と連携する

明治大学商学部では、「特別テーマ実践科目」や「地域活性化システム論」という科目を設置しており、私もこうした科目を担当する教員の1人です。「特別テーマ実践科目」では、フィールドワークによって、商店街や地方の農山村における実践活動を行うものもいくつか開講されています。私は、「地域活性化システム論」において、地域内部の活動とともに、国土のなかで地域を位置づける枠組みを、国土計画や地域構造の観点から解説しています。それは、それぞれの地域の位置に関する認識を欠いた地域活性化策が有効になり得るはずがないと考えるからです。そのうえで、地域における内発的な活動の方向性——戦略——が明らかになると考えます。

内発的な活動においては、地域にどのような資源があるかを理解することが重要です。外部の異なる視点から地域資源を検討することの意義がしばしば強調されますが、学生たちの視点はそのためにうってつけでもあります。また、地域内の活動の組織化や組織間の相互の関係性が地域の活力と関係します。学生たちが地域の活動に参画することで、組織内および組織相互のつながりが円滑になることもあります。学生たちが地域のなかで積極的に人々と関わり、真摯に地域を理解しようとすること、つまり、学生たちが地域活性化の手法を学ぶフィールドワークの過程そのものにも、意義を見出すことができるのです。

もちろん、当該地域の立地条件を明らかにし、理解を深めることは、内発的発展の基礎的な要件です。販路開拓などの商学的な手法はそのうえで、有効性を発揮するでしょう。こうした現地調査を伴うフィールドワークの意義は、はじめから明らかなわけではなく、

農山村フィールドワーク

岐阜県郡上市の「奥美濃カレープロジェクト」（現在は奥美濃カレーファミリー）とは、2006年からのお付き合いです。右の写真は、富士宮市で開かれた第2回 B-1グランプリ（富士宮市 2007年）の応援のときの様子です。学生たちがデザインしたTシャツを着て、ステージでテーマソングを歌いました。

飛騨市山之村の夢作りの会（下梶勝彦代表）とは、10年以上のお付き合いです。左の写真は、2012年3月に地元の人たちやボランティアの人たちと一緒に小学校の建物の雪下ろしをしたときの様子です。

(4) 世界と向き合う

　大学では、毎年のように新しい学生を迎え、また送り出しています。私の担当科目では、長いお付き合いのあるフィールドに新しい受講生を紹介するのは、上級生たちの役割です。どのように後輩たちに伝えたらよいかは、先輩たちの前期の重要課題の1つなのです。

　何よりも嬉しいのは、卒業した後も、卒業生たちがフィールドを訪ねていることです。「何年前に卒業したA君たちの学年が訪ねてきた」「彼女を連れてきた」などと現地の人から後になって聞くこともあります。自分たちの周囲の人々に、フィールドで得た経験を自分の言葉で伝えることを、在学中だけでなく、卒業してからも自分たち自身で確認し、また他の人に伝えようとしているようです。

地域の人々に必ず理解されるわけでもありません。学生たちを受け入れてくれる地域の人々とコミュニケーションをとりつつ、学生たちに対しても十分に指導をする必要があります。それでも、10年以上学生たちを受け入れ、ご指導いただいているところもあれば、半年もお付き合いが続かないところもあります。長くお世話になっているところは、きっと学生の取り組みと地域の間の「互酬」関係が成立しているのだろうと感じます。その現場に身を置いてはじめて、「これはどのようなことなのか」を考えることができるのです。

　商店街や過疎山村、離島の活性化の取り組みは、到達目標やそこに至るまでの過程や方法があらかじめ備わっていることが少なく、災害復興とは異なる難しさもあります。学生たちと地域を訪問しながら、私自身が長い目で地域とお付き合いさせていただき、理解することをまずは大切にしながら、地道に活動しているところです（前ページの写真を参照）。

(注10) イギリスでは、地域活性化の新たな枠組みが模索されており、「ネオ内発的発展論」として理論的な検討も進められています（安藤光義／フィリップ・ロウ編、2012）。現在の日本が抱えている課題と共通する面も多く、大学が果たす役割についても、実践を通じた検討がなされています。

(注11) たとえば、最近では、藻谷浩介ほか（2013）などです。

しかし、フィールドワークで知ることの1つは、むしろ日本の国土周辺の地域がおかれている厳しい状況です。農業や林業などの土地に根ざした従来の生計手段は、市場におけるグローバル競争に曝されて対抗手段を失っています。また、政府の財政事情の悪化による政策変更のため、公共事業や地方交付税などによる資源の再分配機能は著しく低下してきました。さらに市町村の広域合併が進み、地方議会や役場が整理されたために地域の問題解決のための発言権も以前より制約されています。こうしたなかで、解決困難な状況や日々の暮らしの様子を理解することから国土周辺地域のフィールドワークが始まります。問題は、卒業するまでに答えが出せるような問いではないのです。

世界の他の国でも似たような状況が進行しており、それに対する地域からの取り組みも試みられています(注10)。日本ではどのような経験をしてきたか、どのようなことが可能なのかを世界に伝えることにも意義があります。卒業生のなかには、「京都や浅草、富士山だけではなく、岐阜県の白川郷のような日本の農村文化の価値を外国に伝えるようになりたい」と海外の大学院に進学した者もいます。他方、国内メーカーに勤める卒業生から、地域活性化に関する新刊本について感想を求められることもあります(注11)。

地域の動きを見つめる目を養うことで、学生たちが自分自身の日々の活動のなかでしっかりと世界と向き合い、これからの社会をそれぞれの生活の場から考え続ける手がかり、足がかりを見つけることを願っています。

【参考文献】

安藤光義／フィリップ・ロウ編『英国農村における新たな知の地平』農林統計出版、2012年。

鈴木誠『大学と地域のまちづくり宣言─岐阜経済大学マイスター倶楽部の挑戦』自治体研究社、2004年。

高橋誠／中川秀一「人々の持つ『農村像』の特徴」農村計画学会誌21⑵、2002年、143-152頁。

宮口侗廸／木下勇／佐久間康富／筒井一伸編著『若者と地域をつくる─地域づくりインターンに学ぶ学生と農山村の協働』原書房、2010年。

藻谷浩介／NHK広島取材班『里山資本主義』角川書店、2013年。

5 舟橋達彦氏に聞く 企業家に求められる資質：文理マインド、主体性、海外志向

舟橋達彦氏
株式会社ノーリツ 元取締役・常務
（元明治大学評議員）
1971年 工学部卒業

卒業直前の内定取り消し

1971（昭和46）年に工学部（いまの理工学部）を卒業しました。機械工学科でしたから研究開発に携わることを希望して企業を選択し、4年生の5月には内定をいただきました。当時、機械工学科だけで1学年350名ぐらいいたと思うのですが、自営業を除いてほとんどの学生が製造業—日産とか、松下電器、山洋電気、川崎重工など、一流企業に散らばっていきました。そういう企業の研究開発、製品開発への就職が理想でした。

私は広島出身なものですから、関西方面に住みたかったということで、大阪の上場企業で中堅どころの産業機械の会社の採用試験を受け、内定をいただきました。プラスチックの射出成型機とか織物機械など、いわゆる日本の産業機械のベースの機械を製造、販売する会社です。

その会社の研究開発として採っていただいたのです。ところが、一連のニクソンショックで採用の内定取り消しの連絡が突如届きました。アメリカへの輸出が中心の企業で、ニクソンショックにより為替レートが大きく変動した結果、経営が悪化して、内定者35名全員が内定取り消しとなりました。

急遽、あわてて大学の就職課に相談しに行ったのですが、そこで就職課長さんが「神戸にノーリツっていう風呂屋がある」と教えてくれました。「三助ですか」

と尋ねたら、「いや違う。立派な風呂屋だ」と言うわけですよ。明治大学の名誉教授で富塚清先生という方がいらっしゃって、この先生は東京大学の名誉教授で航空工学科の権威でもあったのですが、その先生がたまたまノーリツの技術研究所の名誉所長だったのです。その関係で明治大学の工学部（現・理工学部）の先輩が10数名就職をしていました。そういう話を聞いて、急遽卒業2カ月前の1月末にノーリツの採用面接を受けて、採用していただくことになりました。

遠のく研究開発、そして経営の中枢へ

内定が取り消しになってしまった会社では研究開発に携わる予定でしたが、ノーリツでは研究開発の求人はすでに全部決まっていて無理だと言われました。そこで、「君、営業へ行け」と言うわけです。「営業に行くんだったら辞めます」と言いました。「そうか、それならどんなことをやりたいのか」と聞かれたので、「営業以外で神戸にある事業所だったらどんな仕事でもいいです」と。結局、購買部の技術。購買も取引先と折衝する。折衝と同時に生産技術、モノをつくる技術を取引先に指導する立場なのです。

5年間その部門に携わっていましたら、周りから結構認めていただきまして、急遽「おまえは研究開発よりモノづくりの企画とか事業企画をやってくれ」ということになりました。こうして経営の中枢に入って、18年ほど事業企画・商品企画をやりまして、今日のノーリツの源流をつくったのです。

口幅ったいようですけれど、日本のガス機器、特にガス給湯機器を変革したという自負はあります。いろいろな企画をやりましたが、それがかなりヒットしまして、売り上げもどんどん伸びていきました。

商品企画・事業企画というところで18年。仕事上、会社経営全体を見渡せるので、自社の経営資源を十分に活かせたのだと思います。48歳のときに取締役、51歳で常務になり、58歳でグループ会社の社長に就任しました。結局、経営者として16年、私の入社時の売り上げ額は40億円、社員は600名ぐらいだったと思うんですが、2009年に子会社の社長を退任した時には、売り上げがグループで1800億円で、従業員は6000名で名実ともにトップ企業に成長していました。

学生に伝えたいこと

社会人基礎力をいかに身につけていくか。そのなかでも人脈をいかにつくるかというのが大事だと思っています。いまSNSの時代で情報はあふれるほど過多にありますが、自分で「選択する力」をとにかく培ってほしい。そのためには最終的には基礎学力とか、社会人基礎力を強化することが大事です。それには面と向かって人間同士の face to face、これが圧倒的に不足していると思います。やはり face to face によるコミュニケーション力の強化が原点ですね。

それともう1つ、「文理融合」について。これは私の考えなのですが、もともと人間には、本来的に「文理」が同居していたと思うのです。人間の勝手で効率化とか、専門化をめざすために「分離」がなされた。あなたは文系とか、あなたは理工系とか。元来「文理融合」は当然のことだと私は思っています。

言葉の発見と同時にモノづくりが人類の原点です。その上に立って3・4次…産業が成立している訳です。どんな業種に就こうと、モノづくりは絶対に大事だと思います。

また、その裏にある技術とか、産業というものに興味を持つことも非常に大事です。モノづくりは人の「生活を変える」面白さがあって、嘘がないのですよ。モノづくりの基本ということを文系の学生にもしっかり勉強してもらいたいですね。最後に大切なことは与えられたチャンスを徹底的に活かすこと、そしてたえず「夢」と「希望」を持って何事にもチャレンジしてもらいたいと思います。

新しい動きを見据えた2つの要望

最近「グローバル化、グローバル化」と盛んに言われていますが、いまの日本の産業は取引の7割を海外とやっています。たぶん20年前は4割ぐらいだったと思います。それが知らない間に倍以上になりました。いまは海外と国内を分ける壁はなく、我々が勝手に海外とか国内というように区分しているだけ、というのが実態ではないでしょうか。

そこで第一に学生に対して言いたいのは、とにかくボーダレスの視点で基礎学力とか、社会人基礎力を身につけてほしいということです。決して海外はいやだとか、留学はいやだとか言わずに。日本でどんどん留学生が減っているのは、韓国、中国はすご

第5節　舟橋達彦氏に聞く　企業家に求められる資質：文理マインド、主体性、海外志向

いですよ。日本はまだ外国人の受け入れをかなり規制していますが、やがて半分近くが外国人の時代になってくるのではないでしょうか。日本ではどんどん少子高齢化が進んでいますから、それを補てんする意味でも、海外からの受け入れをアメリカ並みに行わないと多分やっていけないだろうと思います。だからこそ「海外を恐れるな」と言いたいですね。

第二に、大学に対しては、学部の枠を超えた横断的なキャリア教育の必要性を強調したいと思います。また、留学生を交えたキャリア教育の比率をもっと高めてPBL（problem based learning）形式の授業を増やし、国際的に通用する主体性のある人材の育成に注力すべきです。キャリア教育とかアクティブ・ラーニングというのは大体同じ問題意識なのですが、これは海外の大学教育ではいまや主流というか、メインの教育スタイルになっています。日本では、ようやくこれからという印象ですね。

まず、グローバル・スタンダードの教育を日本でやっていかないと。はっきり言って、英語だけできて海外に放り出してもだめです。ただグローバル化、グローバル化と言って、英語をやれと言っても、それだけ

ではだめなのです。コミュニケーション能力や主体性を養っていかないと、国際化には対応できないのではないでしょうか。

黎明期と安定期で異なる人事方針

昔の学生は玉石混淆（ぎょくせきこんこう）で、できる学生は放っておいても勝手にやっていくという時代だったのですが、いまはなかなかそれが許されない。就職の受け皿（企業）のほうも玉石混淆ではなく、「無難なつぶぞろい」の問題を抱えています。ノーリツも40年前はやはり黎明期でしたので、なかなか優秀な学生は来てくれませんでした。しかし、その「優秀とは言えない学生」が入社後に伸びることもあるのですよ。事実そういう人たちがノーリツを引っ張ってきたのです。得てして真面目な学生がなかなか伸びない。

ノーリツも黎明期から成長期を経て安定期に入った頃、オーナーの会長がよく言っていました。「無難なつぶぞろいばかりになっちゃって面白くない」と。やはり会社も、黎明期と安定期では人事方針が違うのですね。いまの日本の企業というのはまさに安定期でしょて、知識があっても知恵がない人材ばっかり増えてい

るような気がします。そうした状況を打破するためにも、これからの大学は国際的に通用する主体性と課題発見能力を備えた人材の育成に全力をあげる必要があると思っています。

舟橋達彦氏は２０１３年１０月２４日に永眠されました。ご冥福を心よりお祈りいたします。

6a MOT（技術経営）とTQM（経営技術）

(1)「文理分離」の傾向

皆さんの高校は「文系クラス」と「理系クラス」に分かれていませんか？ おそらく、全学年が分かれている高校は少ないはずですが、2年生あるいは3年生になると分かれる高校が多いのではないかと思います。これにより、自分は「文系の人間」、「理系の人間」と考えてしまいがちです。

しかしながら、前述の舟橋氏の指摘にもあるように、「人間には、本来的に文理が同居していた」はずです。それにもかかわらず、なぜ「文理を分離」する傾向になったのでしょうか？

それは、主に次のような2つの要因からもたらされ、その結果として文系学部と理系学部では異なる入試科目を設定しているからであると思います。こうした2つの要因とは、①「文系の学問と理系の学問とでは、必要とされる能力や専門性が異なる」と、②「人間には、それぞれ文系の学問に必要とされる能力が高い人、理系の学問に必要とされる能力が高い人といった個人差がある」という要因です。そこで、人間の持っている能力が最大限に発揮されるよう、「文理を分離」する枠組みが生まれたのです。また、①の専門性と

山下洋史

第3章 サイエンス　174

②の能力を効率良くマッチングするために、文系学部と理系学部に、また文系の人間と理系の人間に、それぞれを分けるようになりました。そういった意味では、「文理を分離」する枠組みは説得力を持ち分けるようになりました。

さらに、大学入試において、文系学部と理系学部の入試科目が異なれば、当然のことながら高校3年生や2年生が重点的に学ぶべき科目も異なってきます。そこで、多くの高校が、3年生あるいは2年生になると、文系クラスと理系クラスに分けるクラス編成を採用しているのです。

(2)「文理分離」に対する疑問

ここで、原点に立ち返って、次の観点から「文理分離」について考えてみましょう。

① 文系の学問では、理系の学問に必要とされる能力を必要としないのでしょうか？
② 逆に、理系の学問では、文系の学問に必要とされる能力を必要としないのでしょうか？
③ 文系の学問に必要とされる能力の高い人は、理系の学問に必要とされる能力が低いのでしょうか？
④ 逆に、理系の学問に必要とされる能力の高い人は、文系の学問に必要とされる能力が低いのでしょうか？

まず、①についてですが、確かに文系の学問ではこれまであまり出てきませんでした。それは、理系の学問と異なり、(a)社会現象の複雑なメカニズムから最適な解を導き出すことは困難で、(b)こうした現象を実験室で再現することも困難であったからです。しかしながら、コンピュータの発展により、これまでの状況が大きく変わろうとしています。すなわち、(a)についてはユーザー・フレンドリーな（初心者でも簡単に使える）統計ソフト（とりわけ、後記の売上げ・売り場面積・人口・交通・競合の例のように、多くの変数の関係を分析するための「多変量解析ソフト」）やシミュレーション・ソフトがこれを可能にし、(b)についてもコンピュータがあたかも実験室であるかのように、多くの計算による仮想的な実験を可能にしています。さらに、インターネットを中心としたコンピュータ・ネットワークの発展により、(a)や(b)に用いるデータの収集を容易にしています。近年の「ビッグ・データ」（たとえば、Suicaによる1人ひとりの行動や購買をすべて記録した膨大なデータ）の活用に対する関心の高まりは、こうした傾向を端的に表していると思います。これらの変化が、文系の学問における数学や理科の必要性を高めているのです。

　②についても、理系の学問では、これまで文系の能力はあまり問われませんでした。それは、理系の学問における問題設定や分析結果が、数式・表・グラフで記述されることが多かったからです。しかしながら、著しい産業の発展と国際化の進展により、理系の学問においてもビジネスやマネジメント・法律に関する知識と、英語を中心とした外国語の能力が求められるようになりました。こうした動向から、後述するTOM（Technology Of Management：経営技術・管理技術）が生まれたのです。

一方で、③と④については、文系の学問に必要とされる能力の高い人が、理系の学問に必要とされる能力を全く持たないとか、理系の学問に必要とされる能力の高い人は、文系の学問に必要とされる能力を全く持たないというようなことは、当然のことながら、ありえません。繰り返しになりますが、「人間には、本来的に文理が同居していた」はずです。

それが、学問（専門性）と人間の能力（得意・不得意）を効率良くマッチングさせるために、いつの間にか文系と理系に分ける（＝文理分離）の）社会的枠組みが形成されていったのです。

このように、「文理分離」は、確かにシンプルで効率の良い社会的枠組みです。しかしながら、この枠組みが、①と②の面で学問に本来は不要な垣根をつくり、③と④の面で人間の持つ多面的な能力の一部を放棄させてしまいました。いまこそ、こうした現状から脱出し、「文理融合」をめざすべきなのです。以下では、このような問題意識に基づき、MOTと商学部の提唱する新たなアプローチとしてのTOMについて述べていくことにしましょう。

(3) MOT (Management Of Technology：技術経営) の登場

MOTとは、Management Of Technologyの省略形で、「技術の経営」あるいは「技術の管理」を意味します。前述のような「文理分離」に対する反省から、日本でもMOTの必要性が叫ばれるようになり、主として大手の大学や理系の大学が、大学院にこのMOTの大学院や講座を開設しました。それでは、MOTがどのような人材を育成しようとしているのでしょうか？

MOTの大学院が育成しようとしている人材は、理系学部出身の技術者にビジネスや経営を教育することによる文理融合型人材で、前述の舟橋氏のようにビジネスや経営もわかる技術者です。すなわち、MOTはビジネスや経営のわかる技術者の育成に主眼を置いているのです。それは、MOTが「技術の経営」あるいは「技術の管理」という、「技術」を基礎にした教育をめざしているからです。言い換えれば、専門の「技術」を持った人にビジネスや経営を教育しようとしているのです。

これまで、理系の学部（大学院）出身の技術者は、画期的な技術や、性能・品質の高い製品の開発・設計をめざしてきました。そのこと自体はすばらしいことなのですが、これだけでは不十分です。いくら性能や品質が高くても、その製品をつくるのに、多くの原価や時間・手間がかかってしまうとすれば、その製品から利益を生み出すことはできません。場合によっては、赤字になってしまいます。また、高い性能や品質が、一般の消費者にとってはあまり意味のないものであれば、その製品の売上げは伸びないでしょう。すなわち、高性能・高品質であると同時に、生産の過程で原価や時間がかからず、消費者のニーズに合致した製品を開発・設計する必要があるのです。こうしたことを論じる学問は、文系学部（商学部や経営学部）の「原価管理論」「生産管理論」「マーケティング論」です。文系学部の学問を学ぶ必要があり、これら両方の知識とスキルを身につけた技術者は、まさに「鬼に金棒」状態です。MOTは、このようないった意味で、技術者（理系の人間）も、文系の学問を学ぶ必要があり、これら両方の知識とスキルを身につけた技術者は、まさに「鬼に金棒」状態です。MOTは、このような「文理融合」をめざしているのです。

明治大学には、MOTに関する研究科はありませんが、理工学部・経営学部・商学部の教員が一体となって、MOTに関する研究を積極的に展開しています。こうした研究成果

第3章　サイエンス　178

は、明治大学社会科学研究所叢書『MOT教育の総合的研究』（白桃書房、2013年）に取りまとめられていますので、MOTに興味を持たれた読者の方々には参考になると思います。

(4) 商学部の新たなアプローチとしてのTOM（Technology Of Management：経営技術）

MOTの主眼は、前述のように「ビジネスや経営のわかる技術者」の育成に置かれています。つまり、MOTの中心は、理系学部出身の技術者にビジネスや経営を教育することにあります。そうであるとすれば、文系学部出身の商学部がめざすべき「文理融合」には、MOTとは少し異なる新たなアプローチが必要であるように思います。それは、ビジネス・経営や管理という新たな文系の問題を、具体的な数字や式で分析するという理系のアプローチができる文理融合型人材の育成です。その背景には、ビジネスの領域でもコンピュータやインターネットを中心とした情報化の進展、消費者の価値観の多様化・国際化による社会や市場の複雑化、さらには地球環境問題の深刻化など多くの要因があります。とりわけ、情報化の進展は、企業におけるコミュニケーションを容易にするだけでなく、インターネットによる消費者への情報発信（広告宣伝）や、インターネットを利用した新たなサービスの提供を可能にしています。これら（コミュニケーション・広告宣伝・サービス）は、文系の学問で論じられてきたテーマなのですが、そこに情報工学という理系の学問が入り込んできたのです。

そこで、商学部が新たに考えたテーマが「TOM」です。MOTのアルファベットを反

対にしたTOMは、Technology Of Managementの省略形で、「経営の技術」あるいは「管理の技術」を意味します。まるでTOMはMOTのパロディのようですが、「エム・オウ・ティー」よりも、「トム」のほうが読みやすいし、親しみやすいと思っています。しかしながら、ここで重要なことは、こうした名称よりも、経営や管理というマネジメントを基盤とした文系の人に焦点を当てたところです。言い換えれば、マネジメントを学ぶ、あるいは学んだ文系の人に焦点を当てた「マネジメント技術」なのです。

それでは、TOMの「マネジメント技術」は、どのような技術なのでしょうか？　それは、マネジメントの課題を、(a)具体的な数字や式で記述・分析し、(b)将来を予測し、(c)最適な解を導くための、数学・統計学・物理学・情報工学などを応用した技術です。社会現象は、前述のように非常に複雑ですので、これをそのままにして(a)~(c)を進めようとすることには無理があります。そこで、非常に複雑な社会現象を、簡単にしたモデル（模型）を作成して、(a)~(c)の課題に挑戦することになります。その際に、非常に複雑な社会現象のなかで焦点を当てる本質的な部分（エッセンス）のみを拾い上げ、そうでない枝葉の部分は捨て去ることにより、シンプルなモデルをつくり上げるのです。こうしたモデル化のアプローチには、社会現象が非常に複雑なので「模型」にせざるを得ないというだけでなく、そのほうがずっとシンプルでわかりやすくなるという大きな利点があります。このように、マネジメント技術の中心は、「モデル化の技術」にあるのです。

一般に、(a)~(c)のためのモデルは、それぞれ、(a)記述モデル、(b)予測モデル、(c)規範モデルと呼ばれます。ここで、(a)~(c)のためのモデル化の技術を、これまで自社の店舗のなかった地域に新たに出店する際に「売り場面積をどれくらいにすべきか」という課題を例

第3章　サイエンス　180

にして考えてみましょう。新たな店舗を開設するとすれば、当然それにより費用が増大してしまいますので、売上げもアップしなければなりません。

そこで、すでに存在する店舗の売上げが、売り場面積やその地域の人口・交通（最寄り駅からの距離）、さらには他社の店舗との競合などによって、どのように変化するかの関係を、まず記述する必要があります。そのためのモデルが、(a)の記述モデルです。記述モデルを作成することにより、店舗の売上げと、売り場面積・人口・交通・競合との間の関係を具体的な数字や式で把握することができるのです。

これらの関係が記述されれば、次にこの記述モデルに対して、将来もこうした関係が続くかどうか、また前述のデータが入手可能であるかどうかなどを加味することにより、将来の売上げを予測するためのモデル、すなわち、(b)の予測モデルをつくり上げることができます。これと同様（記述モデル→予測モデル）の手順で、店舗を運営していく際に必要な費用を予測することもできます。その際に、売り場面積が大きいと、売上げがアップしますが、多くの従業員や設備が必要となって、費用までアップしてしまうところがポイントです。

このように、売上げと費用の予測モデルができれば、それらの差あるいは比を用いて、利益あるいは利益率を最大にするような売り場面積を求めるモデルを考えることができます。これが、(c)の規範モデルです。規範モデルとは、ターゲットとなる変数（前述の例では、売上げ）を最大あるいは最小にするためには、どうすべきか（前述の例では、売り場面積をどうすべきか）の解を導き出すモデルです。

ここまで述べてきたような、(a)～(c)の「モデル化の技術」は、数学・統計学・物理学・

情報工学など、これまで理系の学問のなかで論じられてきましたが、マネジメント（経営・管理）の問題を解決するのは文系の学問です。そこで、今後はマネジメント（文系）の問題にモデル化（理系）の技術を導入した「文理融合」が求められるはずです。そして、これこそが、明治大学商学部が今後めざそうとする「TOM」なのです。幸いなことに、コンピュータとそのネットワークの急速な発展により、TOMを展開するための環境が整いました。そういった意味で、TOMによる「文理融合型人材育成」は、文系学部のめざすべき新たな方向性なのです。

大学と企業が協力して何ができるか
～産学協同就業力養成講座の取り組み～

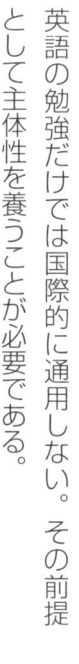

横井勝彦

(1) 日本の大学にいま一番求められているもの

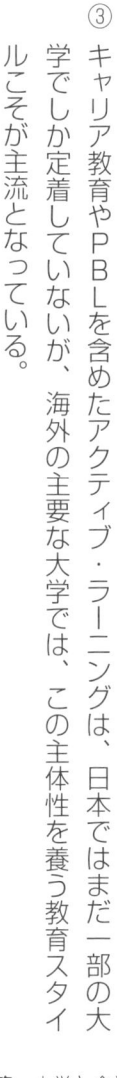

前述の舟橋氏のご指摘のなかで、ここでは特に次の3点に注目して「大学での学び」について議論してみたいと思います。

① 英語の勉強だけでは国際的に通用しない。その前提として主体性を養うことが必要である。

② 主体性を養うには大学の授業でキャリア教育や課題解決型教育(Problem Based Learning)の比率を高めるべきである。(以下では、PBLと略記)

③ キャリア教育やPBLを含めたアクティブ・ラーニングは、日本ではまだ一部の大学でしか定着していないが、海外の主要な大学では、この主体性を養う教育スタイルこそが主流となっている。

以上3点の指摘は、いずれも、グローバル化の進むなかで、日本の大学が国際的に通用する人材を輩出していくためには、是非とも真剣に考えなければならない重要な問題です。

では、主体性とはいったい何でしょうか。そもそも主体性はどのようにして養われるのでしょうか。また、学生の主体性を高めることを目的とした授業が存在するのでしょうか。

最近の日本の高等教育の世界では、コミュニケーション能力、課題解決能力、社会人基礎力、学士力などというさまざまな言葉がさかんに飛び交っています、では、それらの能力の育成方法は何かというと、意外にも決定打はなく、いまだ試行錯誤の状態にあるのです。それらの能力のすべての基礎として必要な主体性の養成についても同様です。大学での講義が大教室でのマスプロ教育を脱して、語学やゼミナール以外の授業でも比較的少人数での教育に移行しつつあることは確かです。しかし、かつての大教室での講義スタイル、つまり教授が90分間一方的に学生に講義する（学生はひたすらノートをとる）スタイルは、いまでもかなりの割合で行われています。そこでは、学生の主体性を養うことなどについては念頭に置かれておりません。

(2) 主体性、それは「大学での学び」のすべての基礎

ふたたび話をもとに戻しますが、課題解決能力やコミュニケーション能力などのすべての基盤となる主体性とは、いったいどのようにしたら引き出せるのでしょうか。それはおそらく教えられるものではありません。学生自身の自発性であり、はっきりとした目的意識に支えられたものであり、教師にできることはせいぜい、学生がそこに至るキッカケをつくることくらいでしょう。

世間の大人たちは「子供たちが明確な目標を持って、自分の将来の夢を見据えて大学を選び、特定の学科を受験する」ことを期待して、あまりこの前提を疑おうとはしてきませ

んでした。しかし、「明確な目標を持った（と期待された）子供たち」のほうは、幸いにして希望する大学に合格しても、「大学での学び」については、まだ何も知らないのです。彼らが必死になって鍛え、蓄積してきたのは入試に合格するためのテクニックと膨大な量の知識です。

確かに、大学では新入生のためのオリエンテーション期間が設けられていて、講義の履修に関するガイダンスがかなり丁寧に行われます。なかにはガイダンスのために新入生全員を引率して合宿をする大学まであると聞きます。しかし、このガイダンスは、たとえ泊まり込みでやったとしても、親睦の輪は広がるでしょうが、そして授業の履修方法や大学での単位制度（卒業の仕方）について、正しく理解するのには有効ですが、新入生の主体性を引き出すことを目的とはしていません。

大学4年間の学生生活の出発点である1年目、しかもその前期は大学での学びの基本的な姿勢を決める、とても大切な時期です。その時期に、学生の主体性を引き出すためには、次の2つの「気づき」がとても重要なのです。第一に、高校までの学びと大学での学びの違いへの「気づき」です。そして第二には、自分に不足している能力と（卒業時に）社会で求められる能力とのギャップへの「気づき」です。

（3）「高校までの学び」と「大学での学び」はどこが違うのか

この問いは、漠然としていてなかなか答え難いですが、わかりやすく言えば、「高校までの学び」では正解は1つというのが「違い」なのです。「漠然としている」「答え難い」

185　第6b節　大学と企業が協力して何ができるか

でした。高校までは、その1つの答えを迅速かつ正確に解答する教育を受けてきたのです。大学入試でもこの能力が大きく試されてきたのです。こうした能力は不要だなどと言うつもりはありませんが、この学びから主体性を引き出すことは無理でしょう。

これに対して、「大学での学び」では、あらかじめ用意された1つの正解があるわけではありません。答えは1つではないのです。もちろん、大学の授業でも課題は与えられます。講義でのレポート提出やゼミナールでの研究報告などでは、いずれも特定の課題に取り組むことになります。それは答えのない課題への挑戦です。自分で（ときにはグループで）考え抜いて結論を導き出すのです。結論そのものよりも、そこに到達した論理的なプロセスのほうが大事です。ですから大学では「模試の答え合わせ」のようなものはないのです。繰り返しますが、大切なのは「自分で考え抜く姿勢」です。

(4) 楽勝科目偏重型履修では「ギャップ」は埋まらない、むしろ広がる

最近の大学では、各界で活躍するOG・OBを講師として招き、「いま社会ではどのような人材が求められているのか」、「真のグローバル人材とは」などといった各種のシンポジウムが頻繁に開催されるようになってきました。それ自体、自分の大先輩の講演なので刺激的で有意義な企画であることは間違いありません。今後、一層の拡充が望まれます。大学はこれまでOG・OBを学生から遠ざけ過ぎてきたように思います。

しかし、OG・OBの講演を聞いて、それでいまの自分の実力と社会で求められる能力とのギャップを実感することは、なかなか難しいでしょう。しかも、学生の間ではさまざまな情報が飛び交い、なかでも単位取得が容易な、いわゆる楽勝科目情報（および激辛科

目情報）は多くの学生に共有されていると思います。OG・OBからの（つまり、社会からの）メッセージよりも、この種のいいかげんな情報に振り回されていては、「主体的な学び」には決して到達しません。自分に不足している能力への「気づき」もないでしょう。

冒頭で少し触れたアクティブ・ラーニングとは、教員が一方的に講義を行う授業スタイルではなく、課外研究やPBL教育、ディスカッション、プレゼンテーション、フィールドワークなどを取り込んだ学生参加型・能動型の授業の総称です。最近では、このタイプの授業が増えてきております。明治大学商学部でも「沈黙する圧倒的多数の学生たち」の「見える化」、つまり思考力と表現力を取り戻し、自主・自立した「社会が見える学生」そして「社会から見える学生」の実現をめざして、「復興に伴う地域活性化」、「コンサルティング実践」、「ファッション・ビジネス」、「農山村フィールドワーク」、「ラテンアメリカ異文化交流体験」など、フィールドワークを伴う実践的な授業が20科目以上開設されております。楽勝科目とは程遠いこれらの科目には事前の正解などはありません。グループをつくって自分たちで調べ、議論し、考え抜いて、独自の解答を見つけるのです。答えのない課題への挑戦です。

(5) FSP（Future Skill Project）研究会に結集した情熱と使命感

学生の「主体性」を大学教育でどのように引き出すか。学生自身が主体的に学び、成長する機会をどのようにつくるか。こうしたテーマに真正面から取り組むために、複数の大学と企業が合同で、2010年にFSP（Future Skill Project）研究会が設立されました。参加大学は5大学—青山学院大学、立教大学、上智大学、東京理科大学、明治大学、

187　第6b節　大学と企業が協力して何ができるか

> （注1）第2回シンポジウムのテーマは「『企業』『大学』が協同し学びに関わることで学生の主体性は引き出されたか？」でした。
> （注2）第3回シンポジウムのテーマは「主体性が学生を変える、学生が社会を変える～広がる 学生の本気を引き出すFuture Skill Projectの挑戦～」でした。

参加企業も5社—アステラス製薬、サントリー、資生堂、日本オラクル、野村證券。以上5大学5企業から計10名が参加し、ベネッセコーポレーションを事務局として、これまで3年間にわたって「大学」「企業」合同の研究会が行われてきました。
「社会で活躍できる人材をどのように育成すべきか」、これがFSP研究会のテーマです。2011年11月には日経ホールで「産学協同就業力育成シンポジウム」を開催したのに続いて、2012年12月に明治大学のアカデミーホールで第2回シンポジウム（注1）を開催しました。そして、2013年11月にはやはり明治大学を会場に600人を超える参加者を集めて第3回のシンポジウム（注2）を実施しました。

大学に企業との共同プログラムを導入するのは決して容易なことではありません。まして、それが1年生を対象とするとなればなおさらです。しかし、企業の管理職や中堅社員の方々が仕事を休んで定期的に大学に赴き、学生の前に立つのは、それ以上に容易なことではないはずです。にもかかわらず、FSP研究会に参加されている企業の方々は、熱い情熱と使命感でこうした障害を克服し、すでに3年におよぶ実績と経験を蓄積してきました。以下では、その実際の現場を紹介しましょう。

(6) 産学協同就業力養成講座のめざすもの

FSP研究会での議論と事務局であるベネッセコーポレーションの協力に支えられて、明治大学商学部を含めたいくつかの大学で、3年前より産学協同就業力養成講座が開講されてきました。そのめざすところは、前述の2つの「気づき」を促し、学生の主体性を引き出すことにあります。

●第14回の授業におけるプレゼンテーションの後で企業の方から講評を聞く学生たち（産学協同就業力養成講座）

この産学協同就業力養成講座は、1年生の前期に開講、1クラス約30名（2013年は4クラス開設）を1チーム5人の6グループに編成、企業から提示された課題（第4回と第10回：左の表を参照）に対して、学生はグループ単位でそれぞれに議論を重ね、課題に対する検討結果のプレゼンを実施し、それを企業が講評する（第8回と第14回）という形式で進みます。企業から提示される課題は「ビジネスの現場で取り組まれている実際の課題」です。答えのない課題への挑戦です。この講座の担当講師は、学生から質問を引き出すことには努力しても、決してそれに対する解答は与えません。

明治大学商学部総合講座「産学協同就業力養成講座」（1年次・前期2単位）

第1回 授業オリエンテーション（講座の目的）
第2回 社会・ビジネスを意識した大学生としての学び方〈グループ分け〉
第3回 社会・ビジネスを意識した大学生としての学び方〈マナー〉
第4回 テーマ企業A社〈1〉（企業のゲストスピーカーからの課題説明）
第5回 テーマ企業A社〈2〉（中間発表会に向けたディスカッション）
第6回 テーマ企業A社〈3〉（ゲストへの中間発表会、情報収集）
第7回 テーマ企業A社〈4〉（最終発表会に向けたディスカッション）
第8回 テーマ企業A社〈5〉（最終発表会とゲストからの講評）
第9回 プレゼンテーションの振り返りと今後の対応
第10回 テーマ企業B社〈1〉（企業のゲストスピーカーからの課題説明）
第11回 テーマ企業B社〈2〉（中間発表会に向けたディスカッション）
第12回 テーマ企業B社〈3〉（ゲストへの中間発表会、情報収集）
第13回 テーマ企業B社〈4〉（最終発表会に向けたディスカッション）
第14回 テーマ企業B社〈5〉（最終発表会とゲストからの講評）
第15回 本授業のまとめ

たとえば、商学部では2013年度は、明大校友会（連合駿台会大学支援委員）からの紹介で、京王電鉄、りそな銀行、ホテルグランドパレスの3社からも、次のような課題を提示していただきました。「沿線地域の暮らしを豊かにする新しいビジネス」、「10年後の銀行店舗の在り方」、「オンラインショップの売上増加策」、いずれも実際のビジネス現場の課題です。

前ページの表に示した通り、1年前期の授業で学生たちは2社（企業A社＆B社）から課題を与えられ、2度にわたって企業のゲストスピーカーから評価を受けることとなります。1回目の企業A社からの手厳しい評価に発奮して、2回目の企業B社のプレゼンでは学生の本気度が鮮明に反映されることも少なくありません。ここで必要なのは失敗体験なのです。「リアルな企業事例」との格闘を通して、学生に社会の一端を体験させ、自分の不足する知識やスキルに気づかせること、そしてそれを契機として「主体的な学び」を促すこと、これがこの講座の目的です。

アンケートによれば、各チームの講義外での準備時間は、前半の企業A社では10〜60時間であったのに対して、後半の企業B社では30〜80時間へと大きく増加しています。決して「楽な授業」ではないのですが、今年の履修者約130名のなかで途中脱落者は1人もいませんでした。ここに、この講座の可能性を見出すことができるのではないでしょうか。

Column

「教養」とは

周囲の要求にその都度ただ応えるだけの、ダラダラとした、行き当たりばったりの毎日を過ごしている人は少なくありません。しかし、このような毎日を重ねても、生活に統一感が生れないばかりではなく、自分が誰なのか、何のために生きているのか、それすらわからなくなります。これは、誰にとっても望ましくない生活でしょう。

とは言え、受け身的な態度を克服し、自分なりの生活を主体的に組み立てるのが大切とはわかっていても、実行するのは容易ではありません。

学校、職場、家庭、政党、アイドルのファンクラブなど、私たちが属している集団の1つひとつは、たがいに衝突します。当然、これらの要求は、大抵の場合、私たちに対し、それぞれ勝手な要求を突きつけます。

仕事の都合で子どもの運動会に参加できない父親、家庭の事情で仕事を辞めざるをえない母親、勉強時間を犠牲にしてAKB48の「握手会」めぐりに狂奔する大学生……、これらは、衝突の典型的な例です。

相容れない要求を調停し、日常生活において直面する問題を1つひとつ解決し、自分なりの仕方で生活を組織化しようとすれば、道はただ1つ、生活を「交通整理」するほかなりません。教養は、自分らしい生活、幸福な生活に不可欠のものであり、この交通整理の能力こそ、「教養」にほかなりません。教養の正体は、試行錯誤を繰り返しながら一生をかけて手に入れる「自己理解」であると言うことができます。

清水真木

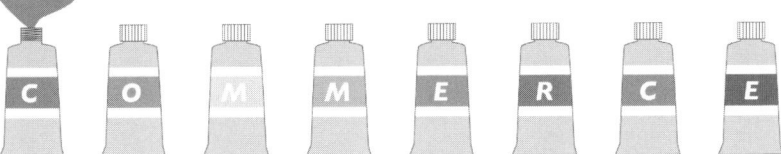

THE SCHOOL OF COMMERCE

第4章
ビジネスと教養 座談会
～社会からの要望と大学からの発信～

女子会トーク

女子会トーク

ビジネスと教養 座談会 ～社会からの要望と大学からの発信～

【出席者】
▼竹内 摩耶 さん（2010年 商学部卒業、明治大学職員）
▼室賀 貴穂 さん（2013年 商学部早期卒業、一橋大学大学院生）
▼田中 ふみ さん（2014年 商学部卒業予定、NHKに就職内定）
▼中林真理子 先生（司会：明治大学商学部教授）

【日 時】2013年10月19日（土）
【場 所】明治大学商学部長室

中林 商学部の〈ファイナンス・アンド・インシュアランス〉コースで、保険学を教えています中林です。いま、商学部は女性の教員が増えてはいますが、そのなかで数少ない明治大学商学部出身の教員です。本日は、司会という大役を仰せつかったのですが、同じ商学部出身の女性ということで、皆さん、よろしくお願いいたします。

なぜ、商学部に入ったのかというところから始めて、学生時代にどんな思い出があってとか、それぞれの進路を選んで、そこでいま考えていることとか、これからどうしたいかなどを中心にお話をしていただければと思っております。

学生時代の一番の思い出は？

中林 それでは、順番に自己紹介と、いまどんなことをしているかを教えてください。

竹内 大学時代は〈アプライド・エコノミクス〉コースに所属して、主に国際経済学を

●座談会出席者● （左から、竹内さん、室賀さん、田中さん、中林先生）

第4章 ビジネスと教養 座談会　194

勉強していました。大学時代には、1年間カナダの協定校へ留学する機会をいただいて、留学先では貿易論などを中心に勉強しました。いまは明治大学の職員として、明治大学付属明治高等学校・中学校事務室で、生徒さんたちが学校生活を送るお手伝いをしています。

中林 次に室賀さん、お願いします。

室賀 私も学部時代は〈アプライド・エコノミクス〉コースに所属していて、そちらで経済学や経済政策に関して勉強していました。いまは一橋大学の大学院経済学研究科の修士課程に在学しています。大学時代は、明治大学全体でつくりあげるシェイクスピア劇の「明治大学シェイクスピアプロジェクト」というのがあるのですが、そちらのほうに1年生のときに出演させていただいたり、学部間共通の外国語講座で英会話の集中合宿に行ったり、ボストンに1カ月ちょっと語学留学をしたり、ピアノサークルに所属し

ていたり、そういった経験を通じていろいろな方々に出会えたことが一番の思い出です。

中林 本当に充実した学生生活を送られていた感じですね。田中さんは、いかがでしょうか。

田中 私は〈マネジメント〉コースのゼミに入りました。1年生のころ、女性の経営者になりたいと思っていました。それでゼミはマネジメントのゼミを選んだのですが、商学部の良いところを積極的に吸収しようと思い、コースは〈マーケティング〉コースに所属し、マーケティングも勉強していました。ちょっと異例かもしれません。商学部の良いところは、マネジメントを勉強しつつマーケティングも学べる、弾力的にコースが選べるところです。

学生生活は、1〜2年は「明大祭」の実行委員会に所属して、参加してくれるいろいろな団体さんのところへ説明に行ったり、取材に行ったりしていました。3年生のときは、もうちょっと勉強に力を入れて、ちょうど新しく開設されたファッションビジネスの授業にも参加しました。「特別テーマ実践科目」のなかのファッションビジネスは、少人数の授業でゼミのような感じです。担当の鈴木順之先生には、かなりお世話

になりました。その経験が「就活」にもすごく活かせたのではないかと思います。そして、4年生になったいまは、「就活」を終えて、海外旅行をしたり、家でのんびり過ごしたりしています。

中林 私は教員として学生と接しているなかで、「いろいろな企画や授業があることをよく知らなかった」とか、「知らなくて挑戦できなかった」という学生にたくさん出会っています。それを考えると、皆さんはいろいろなものをきちんと発見して、たくさん参加できて良かったなと感じます。新しい企画、たとえば、海外への留学とか、シェイクスピアのプロジェクトとか、そういったものはどこで見つけてきたのでしょうか。

竹内 アドレスを登録しておくとメールも届きます。

室賀 Oh-o! Meiji（明治大学のすべての授業をネット上に展開した「クラスウェブ」と大学生活に関する情報を配信する「ポータルページ」などから構成された、全学的な教育支援システム）でも配信があります。

中林 卒業後の進路を決定した最大の要因は？　いろいろな思い出があるなかで最大の思い出、

一番印象に残っていること、さらに進路を決定するにあたって何かきっかけになったことと、そういったことがあれば教えてください。

竹内 一番印象に残っていることというと、まず頭に浮かぶのは留学生活なのですが、よくよく考えると、日本で普通に過ごしていた時間も思い出深いです。特にゼミで卒論を書いていたときは楽しかったです。卒論を書くという作業自体は自分ひとりでやらなければなりませんが、ゼミの友人たちが頑張っているのを見て、そこから刺激を受けて勉強をした時間は、すごく思い出に残っています。たぶん、そういう普通の大学生活がすごく好きだったから、大学で働こうという気持ちにもなったのかなと思います。

中林 室賀さんにも同じ質問ですけど、学生時代の最大の思い出と進路決定の契機になったことを是非教えてください。

室賀 たくさんの方と出会えたということが、学生時代の最大の思い出と思っております。商学部だけでも1学年1000人いて、明治大学にはそういった学部がいくつもあって、総合大学だから文系も理系も存在しているので、いろいろな友人ができました。たとえば、商学部だったらビジネスをめざす友人、会計士をめざす友人、文学部の友だちだと演劇をやりたいとか、スケート部の部長でNHK杯に浅田真央ちゃんと一緒に出場しているフィギュアスケーターの友人。また、将来は物理学者になりたいと言っている理系の友人。そういった多彩な友人たちと接しているうちに、自分がしたいことは一体何なのか、自分はどんなふうに生きていきたいのか、そういうすべてのことを通じて、私は将来研究者になりたい、だから大学院に行こうと決めました。

中林 それでは田中さん、同じ質問ですが、どうですか。

田中 私の学生時代の思い出は何といっても「明大祭」です。最終日（3日目）のフィナーレで、みんなで校歌を合唱するのですが、夜の寒いなか、偶然横にいた名前も知らない人たちと肩を組んで、校歌を歌ったり

したのが、私にとっては一番思い出深いのです。この大学に入って良かったなと思いました。

中林 進路を決めるにあたって、こういうきっかけがあったから、いまの進路を選ぼうと思ったという出来事は何かありますか。

田中 私は「明大祭」の実行委員をやっているときに、いろいろな人に会って取材をした経験から、広報とか、企画を立てて、人に会って話を聞いて何かをつくるという仕事がしたいと思いました。「明大祭」のような発表の場というか、最終目的のゴールがあるような、そんな仕事がいいなと。NHKを受けたのも、以前見た「NHKスペシャル」がとても興味深いだけでなく、その番組が社会を動かすきっかけとなっていることに衝撃を受けたからです。イベント事ではなくて、もっと大きく社会に対して働きかけができる仕事ではないかと思いました。

197　女子会トーク

なぜ商学部を選択したのか、そしていまは？

中林 皆さんはいろいろな経験を経て進路を選んだと思うのですが、そもそも皆さんは、なぜ、商学部というビジネス系の学部を選択されたのでしょうか。

竹内 私はもともと社会科学系の学部に進学したいと思っていたのですが、高校生のときにテレビなどを見ていて政治よりも経済に興味を持っていることに気がつきました。たとえば、中国の経済成長など、ビジネスに関連する内容を扱っている番組が好きでした。ですから、自然とビジネス系の学部に行こうと、何の迷いもなく決めました。

中林 室賀さんは、どうですか。

室賀 私は高校の頃までは音楽大学への進学を考えていたのですが、同時に経済学という分野から社会を変えていけないだろうかということも考えていました。最終的に、それまでの自分の18年間とはちょっと違ったことをやってみたいと思ったのと、父が会社を経営しているので、その関係で簿記のことも勉強したら、少しは役に立つのではと思ったのが始まりです。

中林 商学部という学部自体が学べることがすごく広いし、意外とキーワードが身近にありますよね。経済というと、一瞬敷居が高いイメージがあるようで、じつは毎日お金を使うし、意外と入りやすいのかなと思います。では実際に、商学部に入ってみて、とても意外だったことってありますか。逆に、思った通りというか、「選択が正しかった」と思ったことはありますか。

室賀 ダブル・コア（明治大学商学部における、商学の専門知識を学ぶ「商学専門演習」と、深い教養を学ぶ「総合学際演習」の2つのゼミを2年次より同時に履修できるシステム）を履修したかったので、それができたことが、やはり商学部で良かったと思っています。経済学とラテン語の2つのゼミに入ったのですが、経済学の専門の勉強だけではなくて、それとは違った文学のさまざまなお話を聞けたのが、とてもためになりました。

竹内 私は思っていたほどビジネス、ビジネスしてな

田中　1〜2年のときは、教養科目が中心ですよね。3年になったときの「教養」から「専門（実践）」へのカリキュラムの移り変わりが商学部の良いところというか面白いところだと思います。

中林　〈これが商学部シリーズ〉第5巻『ビジネスと教養』は、まさに「教養」と「ビジネス」がどうなっているのかがテーマになっています。本書の「序」や「COLUMN『教養』とは」にその点についての商学部の考え方が端的に記されていると思います。

卒業・大学院進学・就職、そして女性の可能性は？

中林　さて、ここまでで皆さんは無事に大学を卒業されて、あるいは卒業なり進学ということになりますね。そこで皆さんがいまいる職場や、これから進もうとしている場所が、どういうところで、そこにおいて、女性がどういう立場にあり、どんな可能性があるかについて、お話しいただければと思います。

竹内　私の職場は、女性にとって働きやすい職場ですが、それでも女性の先輩職員は家事や育児をやりながら働いているので、大変そうだなと思います。そんな先輩方を見ていると、時間管理がとても上手で、効率良く仕事をこなすためにはどのように進めたら良いのかを常に考えているという印象を強く受けます。そういう意味では、家事や育児は仕事の邪魔になるものと考える人もいるかもしれませんが、そこから生まれる時間管理能力や、意識の切り換えのうまさは、女性ならではの強みではないかと思っています。

中林　大学職員というのは、かなり女性が働きやすい職場なのでしょうか。

竹内　教育に関わる仕事だからなのか、子育てを蔑ろにしてはならないという意識があります。たとえば、同僚から「子どもが熱を出してしまって」と電話があれば、「代わりにやりますよ」とすぐに応える雰囲気があるので、働きやすい場所だと思います。

中林　女性が働きやすいということは、一緒にいる男性にとっても働きやすい職場なのでしょうか？

竹内　もしかしたら何か負担をお願いしてしまっていることもあるかもしれないのですが、その分女性も「できることは何でもやります」という意識でいます。そ

ういう意味では、仕事において男女の差というのは、あまり感じていません。逆に男性が子育てに力を入れたいと思ったら、女性と同じように差をつけずにできると思うので、やりやすいと思います。

中林 室賀さんはいかがですか。

室賀 大学院では女子学生が少なくて、とりわけ博士後期課程に進学するための授業だと、たとえば50人以上の教室に女子は3人ぐらいです。今後研究者として続けていくうえでも、男性の先生方が多いなかで、女性研究者としてやっていくのは大変なのかなと思っているのですが、そのあたり中林先生はいかがですか。

中林 私もまさに女性研究者なのですが、自分でフレキシブルに研究の時間とか子育ての時間とかもうまくバランスをとることができるから、ほかの職場より働きやすいと思いますね。研究者としてのスキルといういう意味から、男女の差を感じることがあります。

室賀 試験や課題が立て込んできたときに、体力的にやはり男の子のほうが有利じゃないかと思ったりするのですが、他の点ではそれほどないと思います。ただ、周りの男の子はガールフレンドがいて、ご飯をつくって応援してくれるんですね(笑)。私はひとり暮らしで、

自分でつくって勉強しなければいけません。

中林 そのうち、ご飯をつくってくれる男の子が一般的になったり…。

竹内 お弁当をつくってくれる王子様みたいな(笑)。

中林 いまのお話をさらに発展させると、男女の立場をめぐる、より本質的な話になりますね。たとえば、男性が出世していくと、ついてくる女性が増えるということがあるけど、逆に女性が出世するようになってくると、男性は引いてしまう、そういうことがあると言われています。そういう経験はありますか。

室賀 知り合いになった男性に「大学院」と言うと、「えっ!」と驚かれることがあります。あと封建的な考え方をお持ちの方には「やめておきなさい。女の子には女の子の生き方がある」などと言われて…。

中林 田中さんはいかがですか。

田中 私が進むマスコミの世界、いわゆる放送の世界は激務と言われています。ですから、家庭と仕事を両立できる女性のディレクターは少ないようです。そのなかでも、いまNHK自体が改革を進めており、出産や育児で辞めるとか、そういうのをなくそうという動きが盛んのようです。大変だろうと思いつつも、そこ

で頑張ろうという気持ちが強いです。子どもを産んでも働きたいし、将来結婚する相手とは対等の関係がいいですね。

室賀 共働きだとして、男性は何もしないで全部女性が、ご飯もつくって、掃除もしてというのは無理な話じゃないですか。そこはバランス良くやってほしいですよね。

田中 そうですね。私の母もフルタイムで働きながら、家事育児は驚くほど器用にこなしていました。朝ご飯にお弁当に、夕食も朝のうちに全部つくって出社していたので、母親の負担は重かったと思います。私たちの時代は、女性が働きに出るのは当たり前だから、男性もキッチンに入るし、掃除機もかけるし、育児もする。これからはそういう時代だと思うので、私は「対等」という二文字を掲げて結婚したいなと思っています（笑）。

竹内 大学職員は部署が変わると仕事の内容も全く変わってしまうので、今後自分がどういう仕事をすることになるのか、結構不安に感じてはいますが、どういう環境になっても対応できるように常に視野は広く持ちたい、そして精神的にも強くなりたいなと思っています。就職するときにも、大学の方から「スペシャリストというよりはゼネラリストになってください」と言われたんです。

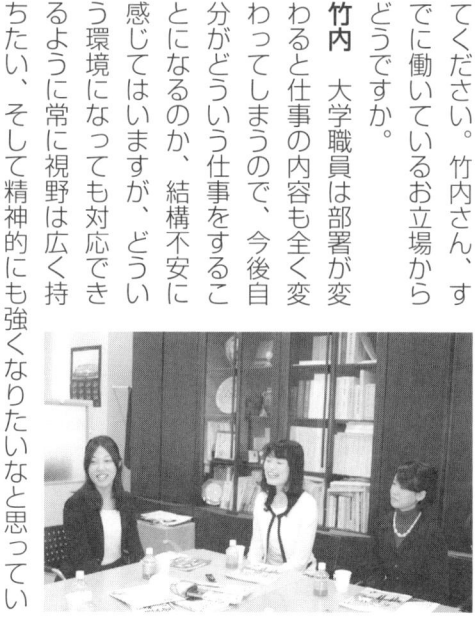

中林 田中さんの場合は、ディレクターというお仕事だから、ゼネラリストというよりスペシャリストのほうですかね。

田中 ネタがあれば、入社1年目からディレクターとして、1時間の番組をつくることも可能なのだそうです。でも、逆に全然企画が通らなかったりすることも

将来の目標と当面の課題は？

中林 皆さん、これからそれぞれの世界で、第一線で活躍されていくことと思いますが、いまのご自分にとっての目標とか、いま直面している問題について教え

てください。竹内さん、すでに働いているお立場からどうですか。

ある、すごく厳しい世界なのです。入局後、数年は地方へ配属になる予定です。4月中旬に配属の発表で、それこそ北は北海道から南は沖縄まで、海外支局もあるのです。地域のどこに行って、何をするのか全くわかりませんが、いまは不安というよりもすごく楽しみです。

中林 室賀さんの場合、何かいま直面している問題はありますか。

室賀 いま大変だと感じていることは、商学部から経済学研究科に進学したので、大学院レベルの経済学の勉強についていくことです。商学部のときには経済学を勉強する授業が少なかったし、基礎力もない段階でいきなり大学院に入ったので、いま学部の授業を聴講して数学の勉強もしなければいけなかったりと、そういった点がちょっと大変です。

中林 将来的には、研究者は大学に勤めることになる場合が多いのですが、その場合、全国のどこの大学に就職できるかわからないと思いますが、この点について特に問題はないですか。

室賀 行かせていただけるところなら何処へでも。

中林 研究者は「職があればどこでも行きます」と宣

言しないと就職自体が難しくなりますよね。竹内さんの場合は、転勤があっても生田が限界ですかね(笑)。

竹内 そうですね。でも、東京圏内で環境があまり変わらないので、地方に行けるというのも、ちょっと羨ましいなと思ったりします。

田中 私は、戻ってこられたらいいんですけど、地方から地方への配属パターンもあるらしいので…。

海外留学から学んだことは?

中林 皆さん何らかの形で留学の経験をしているようですが、留学がどんな生活だったか、それが自分の将来の選択にどう活きているかという点を教えてください。

竹内 私は、カナダのトロントにあるヨーク大学に留学したのですが、トロントは「人種のるつぼ」と呼ばれるニューヨークと比べると、よりそれぞれのグループがそれぞれの文化を残したまま、共存

しているなのです。そのためか、いろいろな人がいるのだなというのは、留学中常に感じていて、いまも自分と違う考え方の人に会ったときに、こういう人もいるよな、と割と普通に考えられるのは、留学体験が活きているのだと思います。もちろん、留学したおかげで、いまさほど語学に苦労していないというのも、プラスかなと思っています。

室賀 次に、室賀さんの留学の話はいかがでしょう。

室賀 私はボストンに1カ月だけだったのですが、ラテン系の人もいれば、ヨーロッパ系の人、アジア系の人など、世界中から集まっている語学学校で、ルームメイトもハンガリー人とベルギー人の女の子でした。ちょうど中国と日本の関係があまり良くなかった時期というのもあって、中国人のクラスメートから、「日本と中国の関係についてどう思うか」とか、「歴史的な背景を知っているか」とか、いきなり聞かれるんです。世界のなかで日本の立ち位置とか、歴史的側面とかをすごく考えさせられて、良い経験になりました。

中林 田中さんは、どうですか。

田中 私は、2週間だけ行った短期研修もあれば、今年（2013年）の8月に1カ月間ヨーロッパを女2

人バックパックで旅したこともあります。それを総合して思うのは、語学面の未熟さです。お恥ずかしい話ですが、留学中や旅行中に、英語で話しても「何を言っているかわからないよ」と言われることが多かったのです。ラグジュアリマネジメントの海外研修で、高級ホテルを訪問し、経営方針について総支配人の方にお話を伺う機会があったのですが、何もコミュニケーションができなくて、すごくショックを受けた経験があります。もっと私自身、外国語を勉強したほうがいいと痛感しました。でも最終的には、パリの学生と普通にコミュニケーションができるまでになって、「英語うまくなったね」と言われましたが。

さらに海外に行って知ったのは、何回でも学びたいと思えば大学に戻ってくる、学生をやりつつ仕事も続ける、つまり、じつに多様な生き方があるということです。すごく世界が広い。

多様な働き方を認める社会が外国にはあると思います。

日常会話と講義の英語、どちらがわかりやすい？

中林 皆さんは海外に行って多様な文化に接し、自分とは違うものが存在するのだということを受け入れるようになったのだろうと思います。ところで、皆さんは、商学というビジネスとか、ビジネス系の学部の学生として海外に行かれたのですが、そのような専門的な観点から、何か気がついたことありますか。

田中 私は、ファッションのマネジメントとか、ラグジュアリーブランドと言われるブランドのマーケティングとか、そういうジャンルを学びにパリに行きました。外国でのPRとはどうなっているか知りたくて行ったのですが、もともと3年生の前期にマーケティングの基礎を学んでいたので、結構すんなり理解できた

のではないかと思っています。世界共通の言語のようなものがあるように思えました。

中林 室賀さん、それはいかがですか。

室賀 私は大学とは関係のない語学学校に自分で申し込んで通ったので、大学も違うし、専門の内容も違う学生たちが集まってきていました。たとえば、医学部の学生とか、建築を学んでいる学生などです。そのなかで「あなたは、商学や経済学が専門？ それはどういうもの？」と聞かれると、十分に説明できないともかしさを感じ、しっかり勉強しなければいけないという気持ちが一層強くなりましたね。

中林 外国に行って、日本のこと、たとえば日本の歴史のことを聞かれて、全然話せなくて恥ずかしい思いをすることが、私にはあったのですけど、皆さんはいかがでしょう。竹内さんも、そのようなことがありましたか。

竹内 歴史ではないのですが、カナダの授業では日本の自動車産業が取り上げられることがよくありました。そんなとき、身近な日本の経済について、もっと学んでおけば良かったな、と後悔することがありました。

でも、商学部で経済学を学んでいたおかげで、授業中

第4章　ビジネスと教養　座談会　204

のディスカッションに加わることができたという面もあり、背景知識はとても大切だと実感しました。

[就活] 成功の秘策は？

中林 次に就職の話に移りましょう。つい最近、就職活動を経験した田中さんの場合は、就職活動は大変でしたか。

田中 大変でした。「就活」は3年生の12月にスタートしました。しかし、自分がやりたいことって、なかなかわからないですよね。どの会社へ行っても「この会社の何が良くて、何がやりたいの」と聞かれたときに、うまく答えられない。さらに「就活」中には、多くのライバルたちに出会いました。野球で甲子園に行った男子学生、海外に何年もいて英語もスペイン語も堪能な女子学生、大学院でバイオテクノロジーの研究をしている学生…そういう学生たちと同席することを何回か経験しました。自分のやりたいこともわからないうえに、「あなたって何？」と聞かれたときに、彼らのような答えられる実績も経験もなくて…。「不合格です」のメール1通で、時間をかけたエントリーシートも企業研究も水の泡。しかも失敗原因がわからない。「就活」は闇雲に努力しても報われないのですね。「就活」ってかなり残酷です。

中林 その「残酷な」就活で、少しでも残酷さを軽減するためにできることは何かありますか。

田中 努力しても報われないと言いましたが、実る努力をすることは大切でした。ただ闇雲にOB・OGに会っても意味がなくて、自分が行きたい会社に勤めて何年目の人とか、志望の事業部の人とか、ピンポイントで会っていくと、志望動機に結びついたりすることがありました。

中林 すでに就職の段階で戦略をお持ちだったのですね。竹内さんは、「就活」はなさいましたか？

竹内 しました。一般企業も少しだけ受けました。留学から帰ってくると時期がズレてしまうのです。6月ぐらいに帰ってきて…。いまは秋採用も盛んになっていると思うのですが、私の頃はそこまででもなくて、受けた数はあまり多くはないです。明治大学に就職し

205　女子会トーク

ようと思ったのも、偶然というか、ご縁があったんだなと思います。カナダから帰ってきて、たまたま就職キャリア支援センターに行って求人票を見せてもらったら、そのなかに明治大学の求人票があって、そこではじめて大学で働くということを具体的に意識しました。

受験生（主に女子、しかし男子にも）にメッセージは？

中林 ところで、これから大学に入りたいと思っている、特に女子の皆さんに何か伝えたいことってありますか。

竹内 もしかしたら、高校生の女の子は明治大学に対して「男臭い」（笑）、「蛮カラ」なイメージを持っているかもしれませんが、オシャレ好きな子も、そのキャラクターを活かせる場が絶対にあると思います。たとえば、ファッションビジネス論だって、オシャレに関係していますし。自分のカラーを生かしつつ、でも明治大学という「ちょっと蛮カラな空気のなかに入っていくぞ」という気概があったら、楽しく過ごせると思います。

田中 いろいろなコミュニティを持ったほうがいいと思います。それは、ゼミ、バイト、サークル、あとは外部の活動などですね。明大祭とかシェイクスピア劇とか、いろんなコミュニティに積極的に参加をしていき、そのなかに自分の好きなものを見つけていくのがいいと思います。コミュニティがたくさんあるから、絶対何かに出会えると思います。良い彼氏に出会えるかもしれないし、一生の友だちに出会えるかもしれないし、恐れずに何事も、それこそチャンスはものにする。商学部に入ってくる女子は、おっとりしている子は少なく、どちらかというと、肉食系じゃないですけど、「何かやってやる」みたいな女子が多いんですよ。

室賀 いろいろなチャンスがあるし、しかも「個」を強くする大学で、「個」を強くしてくれる素材というか、そういった場も本当にたくさん与えられているので、そのなかに自分から身を投じて、そこで切磋琢磨していくことが大事だと思います。

中林 逆に高校生の男子に伝えたいことってありますか。

第4章 ビジネスと教養 座談会　206

田中 大学には全国から集まった面白い人がたくさんいます。当然、いままで出会ったことのないような人ばかりです。多様なメンバーで組織されたチームのなかで、互いに学ぼうという意識を、男子も女子も共通に持つことが重要だと思います。そして、女子だからこう、男子だからこう、という決めつけや偏見はなくして、1つのチームとして活動していってほしいと思います。男女混合で議論しあう、それが当たり前に受け入れられる気持ちを男子に持ってもらえたら、蛮カラとは違った新しい明治大学の文化が生まれるのではないでしょうか。

中林 男だから、女だからという時代では、もうなくなってきていますので、それぞれの良さを活かして、いかにお互いうまくやっていくかが大切なのでしょうね。だからこそ、まとめ役になれる人材が、これからさらに求められていくのかな、という気がします。皆さん、明治大学で4年間学んできて、そのような人材として活躍しているからこそ、お話しになることにもすごく実感がこもっていて、聞いていても、「そうだなあ」と思うことが多かったです。

充実した4年間を過ごされたということが、手に取るようにわかりました。
ありがとうございました。(了)

207　女子会トーク

208

推薦図書一覧

Reading Guide

以下に掲げるのは、明治大学商学部の教員が学生に一読を薦める図書の一覧です。読者の皆さんには、ここに掲げたさまざまな分野の本を通して、未知の世界と出会い、多くの新しいことがらに触れる一助となれば幸いです。また同時に、自らを成長させる力をそこに発見されることを願っています。

カルチャー

・ジェンファー・アーカー/アンディ・スミス著、阿久津聡監修、黒輪篤嗣訳『ドラゴンフライ・エフェクト―ソーシャルメディアで世界を変える―』翔泳社、2011年。

・アミール・D・アクゼル著、水谷淳訳『デカルトの暗号手稿』早川書房、2006年。

・ダン・アリエリー著、熊谷淳子訳『予想どおりに不合理（増補版）―行動経済学が明かす「あなたがそれを選ぶわけ」―』早川書房、2010年。

・マックス・ヴェーバー著、大塚久雄訳『プロテスタンティズムの倫理と資本主義の精神』岩波書店（岩波文庫）、1989年。

・レイチェル・カーソン著、青樹簗一訳『沈黙の春』新潮社（新潮文庫）、1974年。

・レイチェル・カーソン著、上遠恵子訳『センス・オブ・ワンダー』新潮社、1996年。

・ジュリアン・キャメロン著、菅靖彦訳『ずっとやりたかったことを、やりなさい。』サンマーク出版、2001年。

・デビッド・コーテン著、西川潤監訳『グローバル経済という怪物―人間不在の世界から市民社会の復権へ―』シュプリンガー・フェアラーク東京、1997年。

- ジェフリー・サックス著、鈴木主税/野中邦子訳『貧困の終焉──2025年までに世界を変える──』早川書房、2006年。
- マイケル・サンデル著、鬼澤忍訳『それをお金で買いますか──市場主義の限界──』早川書房、2012年。
- E・F・シューマッハー著、酒井懋訳『スモール イズ ビューティフル』講談社(講談社学術文庫)、1986年。
- アントニオ・ネグリ/マイケル・ハート著、幾島幸子訳、水嶋一憲/市田良彦監修『マルチチュード──〈帝国〉時代の戦争と民主主義──(上・下)』NHK出版(NHKブックス)、2005年。
- ヒルティ著、草間平作訳『幸福論(第一部)』岩波書店(岩波文庫)、1961年。
- V・E・フランクル著、山田邦男/松田美佳訳『それでも人生にイエスと言う』春秋社、1993年。
- シャーロット・ブロンテ著、大久保康雄訳『ジェーン・エア(上・下)』新潮社(新潮文庫)、1953年(上)、1954年(下)。
- C・ダグラス・ラミス『経済成長がなければ私たちは豊かになれないのだろうか』平凡社(平凡社ライブラリー)、2004年。
- アルンダティ・ロイ著、本橋哲也訳『民主主義のあとに生き残るものは』岩波書店、2012年。
- ロミ著、高遠弘美訳『完全版 突飛なるものの歴史』平凡社、2010年。
- 飯島洋一『キーワードで読む 現代建築ガイド』平凡社(平凡社新書)、2003年。
- 池田晶子『14歳からの哲学──考えるための教科書──』トランスビュー、2003年。
- 今井芳昭『依頼と説得の心理学──人は他者にどう影響を与えるか──(セレクション社会心理学10)』サイエンス社、2006年。
- 大黒俊二『嘘と貪欲──西欧中世の商業・商人観──』名古屋大学出版会、2006年。
- 小此木啓吾『ケータイ・ネット人間」の精神分析』朝日新聞社(朝日文庫)、2005年。
- 勝俣鎮夫『一揆』岩波書店(岩波新書)、1982年。
- 加藤周一『加藤周一自選集(1)～(10)』岩波書店、2009年、2010年。

210

- 加藤幹郎『映画館と観客の文化史』中央公論新社（中公新書）、2006年。
- 河上肇著、大内兵衛（解題）『貧乏物語』岩波書店（岩波文庫）、1965年。
- 窪島誠一郎『「明大前」物語』筑摩書房、2004年。
- 玄侑宗久『現代語訳 般若心経』筑摩書房（ちくま新書）、2006年。
- 斎藤慶典『哲学がはじまるとき―思考は何/どこに向かうのか―』筑摩書房（ちくま新書）、2007年。
- 佐藤卓己『八月十五日の神話―終戦記念日のメディア学―』筑摩書房（ちくま新書）、2005年。
- 司馬遼太郎『「人間」というもの』PHP研究所（PHP文庫）、2004年。
- 多木浩二『スポーツを考える―身体・資本・ナショナリズム―』筑摩書房（ちくま新書）、1995年。
- 夏目漱石『三四郎』岩波書店（岩波文庫）、1990年。
- 夏目漱石『坑夫』新潮社（新潮文庫）、2004年。
- 新渡戸稲造著、矢内原忠雄訳『武士道』岩波書店（岩波文庫）、1938年。
- 村上春樹『アンダーグラウンド』講談社（講談社文庫）、1999年。
- 山田昌弘『少子社会日本―もうひとつの格差のゆくえ―』岩波書店、2007年。
- 吉田兼好『新訂 徒然草』岩波書店（岩波文庫）、1985年。
- 吉本隆明『真贋』講談社（講談社文庫）、2011年。

コミュニケーション

- L・Sue Baugh『How to Write Term Papers and Reports』VGM Career Horizons, 1991.
- George Orwell『1984 (Signet Classics)』Signet Classics, 1950.
- アーシュラ・K・ル＝グウィン著、清水真砂子訳『ゲド戦記(1)〜(6)』岩波書店（岩波少年文庫）、2009年。
- マイケル・サンデル著、鬼澤忍訳『これからの「正義」の話をしよう―いまを生き延びるための哲学―』早川書房、2010年。

- ウィリアム・シェイクスピア著、福田恆存訳『ハムレット』新潮社（新潮文庫）、1967年。
- アーデルベルト・フォン・シャミッソー著、池内紀訳『影をなくした男』岩波書店（岩波文庫）、1993年。
- H・シュリーマン著、関楠生訳『古代への情熱──シュリーマン自伝──』新潮社（新潮文庫）1977年。
- グードルン・パウゼヴァング著、高田ゆみ子訳『みえない雲』小学館（小学館文庫）、2006年。
- エドワード・ホール著、日高敏隆/佐藤信行訳『かくれた次元』みすず書房、1970年。
- アルテュール・ランボー著、小林秀雄訳『地獄の季節』岩波書店（岩波文庫）、1970年。
- 池上彰『わかりやすく〈伝える〉技術』講談社（講談社現代新書）、2009年。
- 池田健二『スペイン・ロマネスクへの旅』中央公論新社（中公新書）、2011年。
- 伊藤桂一著、野田明美（聞き手）『若き世代に語る日中戦争』文藝春秋（文春新書）、2007年。
- 岩渕功一『文化の対話力──ソフト・パワーとブランド・ナショナリズムを越えて──』日本経済新聞出版社、2007年。
- 里見弴『文章の話』岩波書店（岩波文庫）、1993年。
- 宋安鍾（ソンアンジョン）『在日音楽の100年』青土社、2009年。
- 中村彰彦『三つの山河』文藝春秋（文春文庫）、1997年。
- 鍋倉健悦『異文化間コミュニケーション入門』丸善（丸善ライブラリ）、2009年。
- 西村克仁『日本は中国でどう教えられているのか』平凡社（平凡社新書）、2007年。
- 山口昌子『フランスよ、どこへ行く』産經新聞出版、2007年。
- 鷲田小彌太『入門・論文の書き方』PHP研究所（PHP新書）、1999年。

サイエンス

- I・M・カーズナー著、田島義博監訳『競争と企業家精神』千倉書房、1985年。
- ジョシュア・ガンズ著、松田和也訳『子育ての経済

- 学』日経BP社、2010年。
- J・M・ケインズ著、間宮陽介訳『雇用、利子および貨幣の一般理論（上・下）』岩波書店（岩波文庫）、2008年。
- E・F・シューマッハー著、長洲一二／伊藤拓一訳『宴のあとの経済学』筑摩書房（ちくま学芸文庫）、2011年。
- ジョセフ・E・スティグリッツ著、藪下史郎監訳『スティグリッツ教授の経済教室─グローバル経済のトピックスを読み解く─』ダイヤモンド社、2007年。
- ローレンス・C・スミス著、小林由香利訳『2050年の世界地図─迫りくるニュー・ノースの時代─』NHK出版、2012年。
- ロナルド・ドーア著『金融が乗っ取る世界経済─21世紀の憂鬱─』中央公論新社（中公新書）、2011年。
- P・F・ドラッカー著、上田惇生訳『現代の経営（上）』ダイヤモンド社、2006年。
- スコット・バークン著、村上雅章訳『イノベーションの神話』オライリー・ジャパン、2007年。

- ヤンミ・ムン著、北川知子訳『ビジネスで一番、大切なこと─消費者のこころを学ぶ授業─』ダイヤモンド社、2010年。
- フィル・ローゼンツワイグ著、桃井緑美子訳『なぜビジネス書は間違うのか』日経BP社、2008年。
- 青野由利『生命科学の冒険─生殖・クローン・遺伝子・脳─』筑摩書房（ちくまプリマー新書）、2007年。
- 伊藤元重『日本と世界の「流れ」を読む経済学』PHP研究所（PHPビジネス新書）、2012年。
- 今道友信『エコエティカ─生圏倫理学入門─』講談社（講談社学術文庫）、1990年。
- 奥井真紀子／木全晃『ヒットの法則2─"非"常識で売れるものづくり─』日本経済新聞出版社（日経ビジネス人文庫）、2009年。
- 梶井厚志『戦略的思考の技術─ゲーム理論を実践する─』中央公論新社（中公新書）、2002年。
- 苅谷剛彦『知的複眼思考法─誰でも持っている創造力のスイッチ─』講談社（講談社＋α文庫）、2002年。
- 清水武治『もっともわかりやすいゲームの理論』日

- 本実業出版社、2008年。
- 城山三郎『価格破壊』角川書店（角川文庫）、1975年。
- 杉本栄一『近代経済学の解明（上）（下）』岩波書店（岩波文庫）、2006年。
- 外山滋比古『思考の整理学』筑摩書房（ちくま文庫）、1986年。
- 根本敏則／橋本雅隆『自動車部品調達システムの中国・ASEAN展開―トヨタのグローバル・ロジスティクス―』中央経済社、2010年。
- 橋本尚『基本テキストシリーズ 財務会計理論（八訂版）』同文舘出版、2013年。
- 藤本隆宏『能力構築競争―日本の自動車産業はなぜ強いのか―』中央公論新社（中公新書）、2003年。
- 松尾匡『対話でわかる 痛快明解 経済学史』日経BP社、2009年。
- 美和卓『20歳からの金融入門』日本経済新聞出版社、2009年。
- 森生明『MBAバリュエーション』日経BP社（日経BP実戦MBA）、2001年。

- 山岡道男／淺野忠克『アメリカの高校生が読んでいる投資の教科書』アスペクト、2010年。
- 山田英夫／山根節『なぜ、あの会社は儲かるのか？』日本経済新聞出版社（日経ビジネス人文庫）、2009年。
- 山根節『山根教授のアバウトだけどリアルな会計ゼミ』中央経済社、2011年。
- 山本昌弘『会計とは何か―進化する経営と企業統治―』講談社（講談社選書メチエ）、2008年。
- 吉川洋『高度成長―日本を変えた六〇〇〇日―』中央公論新社（中公文庫）、2012年。
- 柳井晴夫／岩坪秀一『複雑さに挑む科学―多変量解析入門―』講談社（ブルーバックス）、1976年。

リスト中の書籍において、品切れ・絶版などの理由により、入手困難な場合もありますので、ご注意ください。

あとがき
～〈これが商学部シリーズ〉全5巻の完結に際して～

「わが国の大学は、いま大きな変革を迫られている」。これはいつの時代でも言われてきたことですが、ここで敢えてもう一度、この点を強調したいと思います。今日ほど大学の自己変革に多くの注目が集まっていることは、これまでになかったのではないでしょうか。国際化、社会貢献、地域連携、高大連携などの観点から、大学の教育と研究の質が厳しく問われるようになってきました。それは、21世紀の日本社会において、大学の役割が大きくなってきているからにほかなりません。

では、日本の大学は、教育研究の取り組みに関して、十分な情報発信をしてきたのでしょうか。確かに、受験生向けの大学ガイドは、多くの大学がほぼ毎年発行しております。しかもそれは、そこでは教育理念や教育目標とそれに対応したカリキュラムが簡潔に紹介されるにとどまっています。受験生以外はほとんど手にすることのない非売品なのです。これでは、大学がどんな取り組みに挑戦しても、外部からは評価されません。社会と大学との対話は不可能です。

以上のような問題を克服するために、つまり教育研究に関する最新の取り組みを社会に紹介し、広く各方面から批判や評価を得るために、明治大学商学部では〈これが商学部シリーズ〉全5巻の刊行を計画しました。各巻のテーマは、次の通りです。

第1巻である『新版 これが商学部!!』（2010年）では、教員が専門課程の最新の講義内容を、在学生が欧米の大学への留学体験を、そしてOGとOBが大学で学ぶことの意義を、多くの写真や図表を使って、平易

に解説しております。

第2巻『社会に飛び出す学生たち ―地域・産学連携の文系モデル―』(2011年) では、地域連携・産学連携・国際連携など、教室を出て多様なフィールドワークに取り組む学生たちの奮闘記と、それに対する企業や地方自治体からの評価を紹介しております。

第3巻『ビジネス教育の最前線』(2012年) では、商学部の各教員がどのような研究テーマに取り組んでいるのかをわかりやすく解説しております。言うまでもないことですが、講義や学術情報の社会への発信は教員の研究に基づいており、この巻ではその最新情報を紹介しています。

第4巻『世界の大学の先端的ビジネス教育 ―海外への多様な扉―』(2013年) は、学部教育の真の国際化をめざして、イギリス、アメリカ、フランス、ドイツ、オーストラリア、ブラジル、アルゼンチン、中国の8か国12大学におけるビジネス教育の最新事情を紹介しております。

そして最終巻である第5巻『ビジネスと教養 ―社会との対話を通して考える―』(2014年) では、OG・OBから寄せられた大学への意見や要請に対して、現場の教員が自分の担当科目に即して応えるかたちで、商学部における教養教育について考えてみました。

以上、〈これが商学部シリーズ〉全5巻によって、商学部の教育研究の到達点や国際化のめざすべき方向についても、ある程度は網羅的に紹介できたのではないかと思います。もちろん、これはとりあえずの到達点であって、終着点ではありません。しかし、ここでひとまず、このシリーズ企画を5年間にわたって支援してくれた商学部の教職員と学生、そして明治大学OG・OBの皆さんに対して、心よりお礼申し上げる次第であります。

最後に、この企画に対して格別のご理解を賜った同文舘出版の中島治久社長には、この場をかりて厚くお礼申し上げます。また、同社編集部の角田貴信氏には、第1巻から第5巻まで、5年間にわたって編集をご担当

216

いただき、多大なご苦労をおかけしました。角田さんのご支援がなければ、この企画は完結できなかったと思います。ここに改めて深謝申し上げます。《これが商学部シリーズ》の第1巻から第5巻まで、イラストの作成に関しては大竹美佳さんにすべてお引き受けいただき、おかげで全巻をこれから大学をめざす高校生にもなじみやすい装丁で刊行することができました。心よりお礼申し上げます。

2014年3月15日

明治大学　商学部長

横井勝彦

＜執筆者／取材・編集担当者／座談会出席者一覧(掲載順)＞

佐藤　政光　明治大学商学部 教授　序

吉田菊次郎　株式会社ブールミッシュ 代表取締役社長／フランス料理アカデミー・フランス本部会員　第1章 第1節

横井　勝彦　明治大学商学部 教授　第1章 第1・5節（取材・編集），第2章 第1・3節（取材・編集），第3章 第1・3・5節（取材・編集），第3章 第6b節，あとがき

永井　善久　明治大学商学部 准教授　第1章 第2節

太田　伸之　クールジャパン機構 代表取締役社長　第1章 第3節

小川　智由　明治大学商学部 教授　第1章 第3節（取材・編集）

藤田　結子　明治大学商学部 准教授　第1章 第4節

風間　　淳　帝国ホテル ホテル事業統括部長　第1章 第5節

清水　克行　明治大学商学部 准教授　第1章 第6節

佐藤　　健　株式会社ネクスト 常勤監査役／オリックス株式会社 元専務執行役／ORIX USA Corporation 元会長　第2章 第1節

鳥居　　高　明治大学商学部 教授　第2章 第2節

六浦　吾朗　米州開発銀行 勤務　第2章 第3節

ルブレクト ブライアン G.（Brian G. Rubrecht）明治大学商学部 准教授　第2章 第4節（執筆）

石黒　太郎　明治大学商学部 教授　第2章 第4節（和訳）

山﨑　織江　ロバート・ボッシュ（Robert Bosch GmbH）勤務　第2章 第5節

広沢絵里子　明治大学商学部 教授　第2章 第5節（取材・編集），第2章 第6節

石川幸千代　レストラン・ドクタープロジェクト 株式会社ゼネラルフード事業スタジオ 代表取締役　第3章 第1節

浅賀　宏昭　明治大学商学部 教授　第3章 第2節

岸　　泰裕　スタンダードチャータード銀行 勤務　第3章 第3節

浅井　義裕　明治大学商学部 専任講師　第3章 第4a節

中川　秀一　明治大学商学部 教授　第3章 第4b節

舟橋　達彦　株式会社ノーリツ 元取締役・常務／元明治大学評議員　第3章 第5節

山下　洋史　明治大学商学部 教授　第3章 第6a節

清水　真木　明治大学商学部 教授　Column

竹内　摩耶　明治大学職員　第4章 座談会 出席者

田中　ふみ　NHKに就職内定　第4章 座談会 出席者

室賀　貴穂　一橋大学大学院生　第4章 座談会 出席者

中林真理子　明治大学商学部 教授　第4章 座談会 司会

大竹　美佳　明治大学商学部 短期嘱託職員　イラスト（カバー・本文）

《検印省略》

平成26年3月30日 初版発行　　略称：商学部5(教養)

これが商学部シリーズ Vol.5

ビジネスと教養
～社会との対話を通して考える～

編　者　　Ⓒ明治大学商学部
発行者　　中　島　治　久

発行所　**同文舘出版株式会社**
東京都千代田区神田神保町1-41　　〒101-0051
電話 営業(03)3294-1801　編集(03)3294-1803
振替 00100-8-42935
http://www.dobunkan.co.jp

Printed in Japan 2014　　製版：一企画
印刷・製本：萩原印刷

ISBN 978-4-495-64631-8

本書とともに《好評発売中》

これが商学部シリーズ（明治大学商学部編）

新版 これが商学部!!
― The School of Commerce ―

A5判・256頁　定価（本体価格1,500円＋税）
2010年3月発行

商学部で学ぶこと、面白いところ満載!! 明治大学商学部教授陣が、商学部の講義内容を、イラスト・図表・写真を交えてわかりやすく紹介。学生・卒業生からのメッセージ、最新商学部情報も掲載。

これが商学部シリーズVol.2
社会に飛びだす学生たち
―地域・産学連携の文系モデル―

A5判・236頁　定価（本体価格1,700円＋税）
2011年4月発行

明治大学商学部の地域連携・国際連携・産学連携の活動を、イラスト・図表・写真を交えてわかりやすく紹介。地域・産学連携の文系モデルを一挙公開。

これが商学部シリーズVol.3
ビジネス研究の最前線

A5判・240頁　定価（本体価格1,700円＋税）
2012年3月発行

ビジネス研究って、すごくおもしろい!! 明治大学商学部の教授陣による最新のビジネスに関する研究内容をイラスト・図表・写真を交えて紹介。ビジネスに関する研究書を読む前に最適！

これが商学部シリーズVol.4
世界の大学の先端的ビジネス教育
―海外への多様な扉―

A5判・188頁　定価（本体価格1,600円＋税）
2013年3月発行

世界を舞台に活躍する「国際派ビジネス・パーソン」を目指すあなたへ!!　海外8か国、12大学の事例に即して、世界の大学事情や最先端のビジネス教育の一端をわかりやすく紹介！

同文舘出版株式会社